Fahl/Winkler
Meinungsstreite Strafrecht BT/3

Meinungsstreite Strafrecht BT/3

Examensrelevante Probleme – Meinungen
Argumente, §§ 267–358 StGB

von

Dr. Christian Fahl
o. Professor an der Universität Greifswald

und

Dr. Klaus Winkler
Rechtsanwalt in München
Lehrbeauftragter an der Universität Augsburg

4. Auflage 2023

C.H.BECK

www.beck.de

ISBN 978 3 406 79776 7

Wilhelmstraße 9, 80801 München
Druck: Beltz Grafische Betriebe GmbH,
Am Fliegerhorst 8, 99947 Bad Langensalza

Satz: DTP-Vorlagen der Autoren
Umschlaggestaltung: Druckerei C.H.Beck Nördlingen

chbeck.de/nachhaltig

Gedruckt auf säurefreiem, alterungsbeständigem Papier
(hergestellt aus chlorfrei gebleichtem Zellstoff)

Vorwort

Dieses kleine Büchlein soll Studierende aller Semester sowie Referendarinnen und Referendare beim Wiederholen und Vertiefen strafrechtlicher Standardprobleme unterstützen. Es knüpft an die in derselben Reihe erschienenen „Meinungsstreite Strafrecht AT und BT/1“ und „Meinungsstreite Strafrecht BT/2“ an, kann aber auch für sich allein benutzt werden. Als ideale Ergänzung eignet sich der ebenfalls in der Reihe erschienene Band „Strafrechts-Klassiker“ sowie die „Definitionen und Schemata Strafrecht“. Im Band „Strafrechtskino“ schließlich sind zehn (aus Film und Fernsehen stammende) Übungsfälle versammelt, die zeigen, wie sich alles bei der Lösung von Klausuren und Hausarbeiten verwenden lässt.

Über konstruktive Kritik und weitere Verbesserungsvorschläge freuen wir uns unter jurakompakt@beck.de.

Allen Leserinnen und Lesern wünschen wir effizientes Lernen und viel Glück und Erfolg für die Prüfungen!

Greifswald/München, im Oktober 2022

Christian Fahl
Klaus Winkler

Zum Gebrauch

Meinungsstreite kommen nur an einer Stelle der Klausur und Hausarbeit vor, nämlich dort, wo es mehrere Auslegungen gibt oder mehrere Auslegungen möglich erscheinen. Dann muss entschieden werden, welche die richtige ist, bevor der Subsumtionsvorgang mit der Conclusio („Also ist x gegeben/nicht gegeben“) abgeschlossen werden kann – es sei denn, sie führen in concreto zu demselben Ergebnis, dann kann der Streit im Ergebnis (aber auch nur im Ergebnis) „offen“ bleiben. Da es dabei immer um die richtige Auslegung (eines Wortes, eines Satzes, eines ganzen Gesetzes) geht, sind Bezugnahmen auf die konkret handelnden Personen hier (wie auch bei der Definition eines Merkmals) zu vermeiden und der Streit immer abstrakt – d.h. losgelöst (vom Sachverhalt) – zu entscheiden (richtig: „Eine Meinung verlangt, dass der Täter …“; falsch: „Eine Meinung verlangt, dass der A …“). Erst bei der

Subsumtion des Sachverhaltes unter den durch die Definition oder den Meinungsstreit konkretisierten Obersatz dürfen wieder Teile des ausgeteilten Sachverhaltstextes auftauchen. Bei der Darstellung von Meinungsstreitigkeiten sollte man nicht gleich mit der Tür ins Haus fallen, sondern zunächst einmal sagen, worin das Problem liegt. Das kann mit einer (abstrakt formulierten) Frage geschehen („Fraglich ist, wie der Hintermann zu bestrafen ist, wenn sich der Vordermann irrt“) oder auch nur mit einem Stichwort, wenn das Problem darunter bekannt ist („error in persona“). Als nächstes kann noch der Satz folgen: „Das ist streitig“ (zur Abwechslung: „umstritten“, oder falls man darüber nur streiten kann, aber gar nicht streitet, „zweifelhaft“). Außerdem braucht man dafür mindestens zwei Meinungen oder Möglichkeiten (hier: „e.M.“, „a.M.“ für „eine Meinung, andere Meinung“) und ein Argument gegen die erste und für die zweite (hier: „(dagg.)“ für: „Dagegen spricht aber …“). Dann noch kurz die Conclusio (s.o.) und schon kann man sich dem nächsten Tatbestandsmerkmal zuwenden usw. Dass es (natürlich) auch Argumente gegen die zweite Meinung gibt – sonst würde ja die erste Meinung nicht existieren (besser nicht „M.M.“, sondern neutral „andere Meinung“, es könnte ja sein, dass ausgerechnet unser Korrektor ihr anhängt) – unterschlagen wir am besten. Andernfalls benötigten wir aus logischen Gründen, um weiterzukommen, ein weiteres Argument, das dieses wieder entkräftet (und damit entweder wieder für diese Meinung oder für eine dritte spricht). Am besten beginnt man – wie bei Tatbeständen, z.B. bei der Abgrenzung von Betrug und Diebstahl, mit dem, was man ablehnt. Dazu muss man freilich vorher wissen, welcher Meinung man folgen möchte. Dabei hilft die Erstellung einer Lösungsskizze vor der Niederschrift. Will man auf Nummer sicher gehen, folgt man der „h.M.“, die deshalb meistens unten steht. Doch sollte man diese nicht so nennen, weil es erstens kein Argument ist, dass eine Meinung von der Mehrzahl vertreten wird, und zweitens niemand so genau sagen kann, ob es so ist. Man kann den (jeden!) Streit aber auch „umdrehen“, also die im Buch als letzte Meinung dargestellte voranstellen, ablehnen und der ersten folgen: Dafür braucht man dann dasjenige Argument, das für diese Meinung spricht und hier gelegentlich mit „(arg.)“ für „argumentum“ bezeichnet wird (manchmal aber auch in der Darstellung dieser Meinung, häufig hinter einem Semikolon, versteckt ist). Innerhalb derselben Klausur oder Hausarbeit darf man aber nicht einmal dieser und ein anderes Mal der anderen Meinung folgen!

Inhaltsverzeichnis

Abkürzungsverzeichnis

Abs.	Absatz
a.E.	am Ende
a.F.	alte Fassung
AG	Aktiengesellschaft
AGB	Allgemeine Geschäftsbedingungen
AktG	Aktiengesetz
Alt.	Alternative(n)
a.M.	andere Meinung (oder Möglichkeit)
AO	Abgabenordnung
arg.	Argument(um)
AT	Allgemeiner Teil
Aufl.	Auflage
BAK	Blutalkoholkonzentration
Bd.	Band
BeamtStG	Beamtenstatusgesetz
Bearb.	Bearbeiter
BGB	Bürgerliches Gesetzbuch
BT	Besonderer Teil
bzgl.	bezüglich
bzw.	beziehungsweise
ca.	circa
CR	Computer und Recht
dagg.	dagegen (Gegenargument)
ders.	derselbe
d.h.	das heißt
dies.	dieselbe(n)
Ed.	Edition
e.M.	eine Meinung
EMRK	Konvention zum Schutz der Menschenrechte und Grundfreiheiten (Europäische Menschenrechtskonvention)
etc.	et cetera
evtl.	eventuell
f.	folgende(r)
ff.	folgende
gem.	gemäß
GG	Grundgesetz
ggf.	gegebenenfalls
GmbH	Gesellschaft mit beschränkter Haftung
grds.	grundsätzlich
h.L.	herrschende Lehre

h.M.	herrschende Meinung
Hrsg.	Herausgeber
Hs.	Halbsatz
i.d.R.	in der Regel
inkl.	inklusive
insb.	insbesondere
i.S.(d.)	im Sinne (der/des)
i.V.m.	in Verbindung mit
JA	Juristische Arbeitsblätter
JA-R	Juristische Arbeitsblätter Rechtsprechung
JGG	Jugendgerichtsgesetz
Jura	Juristische Ausbildung
JuS	Juristische Schulung
Kap.	Kapitel
Lfg.	Lieferung
lit.	litera
m.w.N.	mit weiteren Nachweisen
NJW	Neue Juristische Wochenzeitschrift
Nr.	Nummer
NStZ	Neue Zeitschrift für Strafrecht
NZV	Neue Zeitschrift für Verkehrsrecht
Rn.	Randnummer
Rspr.	Rechtsprechung
S.	Satz/Seite
s.(o.)	siehe (oben)
sog.	sogenannte(r)
StGB	Strafgesetzbuch
StPO	Strafprozessordnung
str.	streitig/strittig
StVO	Straßenverkehrsordnung
StVollzG	Strafvollzugsgesetz
s.u.	siehe unten
TAN	Transaktionsnummer
u.a.	und andere/unter anderem
usw.	und so weiter
u.U.	unter Umständen
Var.	Variante
VG	Verwaltungsgericht
vgl.	vergleiche
z.B.	zum Beispiel
zit.	zitiert
ZPO	Zivilprozessordnung
ZStW	Zeitschrift für die gesamte Strafrechtswissenschaft

§§ ohne Gesetzesangabe sind solche des Strafgesetzbuchs.

Literaturverzeichnis

Beulke, KK I, KK III	*Beulke*, *Werner*, Klausurenkurs im Strafrecht, Ein Fall- und Repetitionsbuch, Bd. I: für Anfänger, 8. Aufl. 2020; Bd. III: für Examenskandidaten, 5. Aufl. 2018 (zit. nach Rn.)
Eisele, BT/1	*Eisele*, *Jörg*, Strafrecht Besonderer Teil, Bd. I: Straftaten gegen die Person und die Allgemeinheit, 6. Aufl. 2021 (zit. nach Rn.)
Fahl	*Fahl*, *Christian*, Strafrechts-Klassiker, 1. Aufl. 2020 (zit. nach § und Rn.)
Fahl	*Fahl*, *Christian*, Strafrechtskino, 1. Aufl. 2021
Fischer	*Fischer*, *Thomas*, Strafgesetzbuch, Kommentar, 69. Aufl. 2022 (zit. nach § und Rn.)
Hillenkamp/Cornelius, Probleme BT	*Hillenkamp*, *Thomas/Cornelius*, *Kai*, 40 Probleme aus dem Strafrecht, Besonderer Teil, 13. Aufl. 2020 (zit. nach Problem-Nr.)
Jäger, BT	*Jäger*, *Christian*, Examens-Repetitorium Strafrecht, Besonderer Teil, 9. Aufl. 2021 (zit. nach Rn.)
Joecks/Jäger	*Joecks*, *Wolfgang/Jäger, Christian*, Studienkommentar StGB, 13. Aufl. 2021 (zit. nach § und Rn.)
Kindhäuser/Schramm, BT/1	*Kindhäuser*, *Urs/Schramm, Edward,* Strafrecht Besonderer Teil, Bd. I: Straftaten gegen Persönlichkeitsrechte, Staat und Gesellschaft, 10. Aufl. 2021 (zit. nach § und Rn.)
Kindhäuser/Böse, BT/2	*Kindhäuser*, *Urs/Böse, Martin*, Strafrecht Besonderer Teil, Bd. II: Straftaten gegen Vermögensrechte, 11. Aufl. 2020 (zit. nach § und Rn.)
Kudlich, BT/1, BT/2	*Kudlich*, *Hans*, Strafrecht Besonderer Teil, Bd. I: Vermögensdelikte, 5. Aufl. 2021; Bd. II: Delikte gegen die Person und die Allgemeinheit, 5. Aufl. 2021 (zit. nach Nr.)
Küper/Zopfs, BT	*Küper*, *Wilfried/Zopfs, Jan*, Strafrecht Besonderer Teil, 11. Aufl. 2022 (zit. nach Rn.)
Lackner/Kühl/*Bearb.*	*Lackner*, *Karl/Kühl*, *Kristian*, Strafgesetzbuch, Kommentar, 29. Aufl. 2018 (zit. nach § und Rn.)
LK/*Bearb.*	*Laufhütte*, *Heinrich Wilhelm/Rissing-van Saan*, *Ruth/Tiedemann*, *Klaus* (Hrsg.), Strafgesetzbuch, Leipziger Kommentar, 12. Aufl. 2006–2021 (zit. nach § und Rn.)

LPK/*Kindhäuser/Hilgendorf* *Kindhäuser*, *Urs/Hilgendorf*, *Eric*, Strafgesetzbuch, Lehr- und Praxiskommentar, 9. Aufl. 2022 (zit. nach § und Rn.)

Maurach/Schroeder/Maiwald, BT/2 .... *Maurach*, *Reinhart/Schroeder*, *Friedrich-Christian/Maiwald*, *Manfred*, Strafrecht Besonderer Teil, Bd. II: Straftaten gegen Gemeinschaftswerte, 10. Aufl. 2012 (zit. nach § und Rn.)

MüKo/*Bearb.* .... *Joecks*, *Wolfgang/Miebach*, *Klaus* (Hrsg.), Münchener Kommentar zum Strafgesetzbuch, 4. Aufl. 2016–2022 (zit. nach § und Rn.)

NK/*Bearb.* .... *Kindhäuser*, *Urs/Neumann*, *Ulfrid/Paeffgen*, *Hans-Ullrich* (Hrsg.), Strafgesetzbuch, Nomos-Kommentar, 5. Aufl. 2017 (zit. nach § und Rn.)

Otto, BT .... *Otto*, *Harro*, Grundkurs Strafrecht, Bd. II: Die einzelnen Delikte, 7. Aufl. 2005 (zit. nach § und Rn.)

Rengier, BT/1, BT/2 .... *Rengier*, *Rudolf*, Strafrecht Besonderer Teil, Bd. I: Vermögensdelikte, 24. Aufl. 2022; Bd. II: Delikte gegen die Person und die Allgemeinheit, 23. Aufl. 2022 (zit. nach § und Rn.)

Schmidt, BT/1 .... *Schmidt*, *Rolf*, Strafrecht Besonderer Teil, Bd. I: Straftaten gegen die Person und die Allgemeinheit, 20. Aufl. 2018 (zit. nach Rn.)

Schönke/Schröder/*Bearb.* ... *Schönke*, *Adolf/Schröder*, *Horst*, Strafgesetzbuch, Kommentar, 30. Aufl. 2019 (zit. nach § und Rn.)

SK/*Bearb.* .... *Wolter*, *Jürgen* (Hrsg.), Systematischer Kommentar zum Strafgesetzbuch, 9. Aufl. 2016–2018 (zit. nach § und Rn.)

SSW/*Bearb.* .... *Satzger*, *Helmut/Schluckebier*, *Wilhelm/Widmaier*, *Günter* (Hrsg.), Strafgesetzbuch, Kommentar, 5. Aufl. 2020 (zit. nach § und Rn.)

Wessels/Beulke/Satzger ...... *Wessels*, *Johannes/Beulke*, *Werner/Satzger*, *Helmut*, Strafrecht Allgemeiner Teil, 48. Aufl. 2018 (zit. nach Rn.)

Wessels/Hettinger/Engländer .... *Wessels*, *Johannes/Hettinger*, *Michael/Engländer*, *Armin*, Strafrecht Besonderer Teil, Bd. I: Straftaten gegen Persönlichkeits- und Gemeinschaftswerte, 42. Aufl. 2018 (zit. nach Rn.)

Wessels/Hillenkamp/Schuhr *Wessels*, *Johannes/Hillenkamp*, *Thomas/Schuhr*, *Jan C.*, Strafrecht Besonderer Teil, Bd. II: Straftaten gegen Vermögenswerte, 44. Aufl. 2021 (zit. nach Rn.)

Besonderer Teil

§ 267 Urkundenfälschung

Aufbauschema 1

I. Tatbestand

1. Objektiver Tatbestand
   a) Urkunde → *Rn. 2 ff., 9 ff., 14*
   b) Echt/Unecht → *Rn. 15 ff.*
   c) Tathandlung
      aa) Var. 1: Herstellen einer unechten Urkunde → *Rn. 19*
      bb) Var. 2: Verfälschen einer echten Urkunde → *Rn. 13, 18, 20*
      cc) Var. 3: Gebrauchen einer unechten oder verfälschten Urkunde → *Rn. 8*
2. Subjektiver Tatbestand
   a) Vorsatz
   b) Absicht zur Täuschung im Rechtsverkehr → *Rn. 21 ff.*

II. Rechtswidrigkeit

III. Schuld

IV. Strafzumessung

Besonders schwere Fälle, § 267 III (Regelbeispiele)

Beachte: *Qualifikation, § 267 IV*

Ist für eine „Urkunde“ Schriftform erforderlich?	– **e.M.:** Ja, nach dem üblichen Sprachgebrauch. **(dagg.)** Der juristische Sprachgebrauch kann vom sonst Üblichen abweichen. – **h.M.:** Nein, wesentlich ist nur die (visuelle) Verkörperung der Gedankenerklärung (z.B. ein Loch in einer Fahrkarte); dazu ist weder Papier noch Schriftform (oder Unterschrift) erforderlich. **Zur Vertiefung:** *Wessels/Hettinger/Engländer*, Rn. 875	2

3	Sind Urkunden nur „Absichtsurkunden“ oder kann ihnen auch nachträglich ein Beweiswert zukommen (sog. Zufallsurkunden)?	– **e.M.:** Nein, dem Aussteller kann die Garantie für den Inhalt nicht dadurch aufgezwungen werden, dass ein anderer damit etwas zu beweisen sucht. **(dagg.)** Ein beleidigender Brief ist von seinem Hersteller nicht dazu bestimmt, ihn zu überführen (Deliktsurkunde); eine Ansichtskarte kann relevant werden als Beweis, dass der Schreiber sich im Ausland aufhielt etc. – **h.M.:** Ja, auch „Zufallsurkunden“ erfüllen den Urkundenbegriff (allerdings kommt der Beweisbestimmung dann kaum noch eine Funktion zu, da alles nachträglich Beweisqualität erwerben kann). **Zur Vertiefung:** LPK/*Kindhäuser/Hilgendorf*, § 267 Rn. 10 ff.; NK/*Puppe/Schumann*, § 267 Rn. 9 ff.
4	Setzt eine Urkunde Erklärungsbewusstsein/ Erklärungswillen voraus?	– **e.M.:** Ja, andernfalls fehlt es an der Gedankenerklärung. **(dagg.)** Zivilrechtlich haben solche Erklärungen aber dennoch Konsequenzen (Trierer Weinversteigerung); bei Zufallsurkunden (z.B. Ansichtskarten aus dem Urlaub, s.o. Rn. 3) fehlt das Erklärungsbewusstsein typischerweise. – **a.M.:** Nein. **Zur Vertiefung:** NK/*Puppe/Schumann*, § 267 Rn. 44 ff.; SK/*Hoyer*, § 267 Rn. 15 f.
5	Sind Brandzeichen an Rindern (oder das Mont-Blanc-Zeichen am Füller, der Steiff-Knopf im Ohr etc.) Urkunden?	– **e.M.:** Ja, für eine Urkunde ist weder Schrift noch Papier erforderlich (s.o. Rn. 1). **(dagg.)** Es handelt sich dabei lediglich um sog. Kennzeichen, die der Unterscheidung (Identität und Herkunft) dienen (wie z.B. auch Wäschemonogramme etc.). – **h.M.:** Nein, im Unterschied zu „Beweiszeichen“ (z.B. Strich auf dem Bierdeckel, Loch mit der Lochzange). **Zur Vertiefung:** *Joecks/Jäger*, § 267 Rn. 54 f.; LPK/*Kindhäuser/Hilgendorf*, § 267 Rn. 21 ff.; *Wessels/Hettinger/Engländer*, Rn. 890

Sind auch „völlig ungeeignete Falsifikate“ Urkunden?	– **e.M.:** Nein, bei ihnen besteht keine Gefahr im Hinblick auf das Schutzgut. **(dagg.)** Es kann nicht von der Güte der Fälschung abhängen, ob etwas eine Urkunde ist. – **h.M.:** Ja, z.B. eine plumpe „Montage“ (anders als bloß zusammengelegte „Collagen“). **Zur Vertiefung:** Schönke/Schröder/*Heine/Schuster*, § 267 Rn. 67	**6**
Ist eine (einfache) Fotokopie eine Urkunde?	– **e.M.:** Ja, im Rechtsverkehr ist es üblich, Fotokopien anstelle des Originals als Beweismittel zu gebrauchen. **(dagg.)** Eine Fotokopie lässt weder den Aussteller erkennen, noch enthält sie eine Gedankenerklärung (nur ein „Abbild“). – **h.M.:** Nein, es sei denn, die Fotokopie behauptet das Original zu sein oder trägt einen Beglaubigungsvermerk etc. (dann lässt nämlich dieser einen Aussteller erkennen). **Zur Vertiefung:** *Joecks/Jäger*, § 267 Rn. 46 ff.; LPK/*Kindhäuser/Hilgendorf*, § 267 Rn. 27 ff.; *Wessels/Hettinger/Engländer*, Rn. 895	**7**
Liegt in der Vorlage einer Fotokopie ein „Gebrauchmachen“ (§ 267 I Var. 3) vom Original?	– **e.M.:** Nein, ein solcher „mittelbarer“ Gebrauch reicht nicht. **(dagg.)** Dass die Urkunde selbst (noch) zugänglich sein müsse, ist nirgends bestimmt. – **h.M.:** Ja (wobei fraglich ist, ob die Kopiervorlage selbst „Urkunde“ gewesen sein muss, z.B. bei einer bloßen Collage, s.o. Rn. 6). **Zur Vertiefung:** LPK/*Kindhäuser/Hilgendorf*, § 267 Rn. 54; *Wessels/Hettinger/Engländer*, Rn. 838	**8**
Ist ein Telefax (Fax) eine Urkunde?	– **e.M.:** Ja, wegen der Kurzbezeichnung des Absenders (Garantiefunktion) auf dem Empfängerfax.	**9**

		(dagg.) Da hierbei ein Schriftstück vom Sendegerät eingelesen und vom Empfangsgerät wiedergegeben wird, handelt es sich letztlich nur um eine Fernkopie (anders beim sog. Computerfax, wo eine Sendevorlage fehlt). – **a.M.:** Es ist danach zu differenzieren, ob das Telefax an die Stelle einer Kopie tritt (z.B. Einreichung einer Zeugniskopie) oder an die Stelle des Originals (z.B. Bestellformular – dann handelt es sich um eine „Zweitschrift“). **(dagg.)** Es bleibt aber ein bloßer Kopiervorgang. – **h.M.:** Nein (dasselbe wie für Telefaxe gilt für per E-Mail versandte Textdateien). **Zur Vertiefung:** *Joecks/Jäger*, § 267 Rn. 51 ff.; *Kindhäuser/Schramm*, BT/1, § 55 Rn. 45; *Rengier*, BT/2, § 32 Rn. 43; *Wessels/Hettinger/Engländer*, Rn. 896
10	Können auch mehrere Urkunden oder eine Urkunde und ein Bezugsobjekt derart miteinander verbunden werden, dass daraus eine (eigene) Urkunde entsteht?	– **e.M.:** Nein, entweder ist etwas eine Urkunde oder es ist keine – dann ist nicht einzusehen, wie aus der Verbindung mit einer Urkunde oder einem Bezugsobjekt eine daraus werden sollte. **(dagg.)** Häufig ist die Gesamtheit mehr als die Summe der Teile. – **h.M.:** Ja, „Gesamturkunden“ und „zusammengesetzte Urkunden“. **Zur Vertiefung:** *Joecks/Jäger*, § 267 Rn. 37 ff.; *Wessels/Hettinger/Engländer*, Rn. 900 f.
11	Bilden ein Kfz und das daran angebrachte Nummernschild (sowie Zulassungsstempel und TÜV-Plakette) eine „zusammengesetzte“ Urkunde?	– **e.M.:** Nein, es fehlt an einer festen Verbindung, da diese (durch Lösen der Schrauben oder Herausnehmen bei Befestigung durch ein „Klick-System“) leicht wieder zu lösen ist.

	(dagg.) „Fest“ heißt nicht, dass eine Trennung überhaupt nicht möglich ist (Herrenhemdenfall). – **h.M.:** Ja, sofern es nicht nur ins Fenster gelegt oder angehängt ist (rote Kennzeichen lassen darüber hinaus mangels Stempels keinen Aussteller erkennen). **Zur Vertiefung:** *Fahl*, Klassiker, § 267 Rn. 2 ff.; *Wessels/Hettinger/Engländer*, Rn. 901	
Bilden ein Verkehrsschild und die Straße eine „zusammengesetzte“ Urkunde?	– **e.M.:** Ja, es besteht eine hinreichend feste Verbindung (nach der „Geistigkeitstheorie“ ist Aussteller die Straßenverkehrsbehörde). **(dagg.)** Das ginge zu weit (Sonst wäre eine 20 km lange durchgezogene Linie eine 20 km lange Urkunde). – **h.M.:** Nein, es fehlt an der räumlichen Abgrenzbarkeit. **Zur Vertiefung:** *Kudlich*, BT/2, Nr. 156; LPK/*Kindhäuser/Hilgendorf*, § 267 Rn. 19	**12**
Liegt eine Urkundenfälschung vor, wenn ein Kfz-Kennzeichen mit reflektierender („Anti-Blitz-“) Folie überklebt wird?	– **e.M.:** Ja, Kfz-Kennzeichen erfüllen den Urkundenbegriff (s.o. Rn. 11); die Erklärung der Zulassungsbehörde bezieht sich nach § 10 II FZV auch auf den ordnungsgemäßen Zustand der Nummernschilder. **(dagg.)** Beeinträchtigen (nur) der Fotografierbarkeit reicht aber nicht. – **a.M.:** Nein (zu prüfen sind § 274 sowie § 22 I Nr. 3 StVG). **Zur Vertiefung:** *Fahl*, JA 1997, 925 ff.; *Kudlich*, BT/2, Nr. 166; *Wessels/Hettinger/Engländer*, Rn. 927	**13**
Ist „Aussteller“ einer Urkunde nur, wer die Urkunde selbst hergestellt hat?	– **e.M.** (Körperlichkeitstheorie): Ja, Aussteller ist der, von dem sie körperlich herrührt. **(dagg.)** Das wäre dann die Sekretärin, die den Brief getippt hat.	**14**

		– **a.M.** (Geistigkeitstheorie): Nein, Aussteller ist der, von dem sie gedanklich stammt. **Zur Vertiefung:** *Joecks/Jäger*, § 267 Rn. 33, 60; LPK/*Kindhäuser/Hilgendorf*, § 267 Rn. 5 f.
15	Liegt eine Urkundenfälschung vor, wenn einer ein bereits unterschriebenes Blankett ohne Erlaubnis oder abredewidrig ausfüllt (sog. Blankettfälschung)?	– **e.M.:** Nein, nach der Geistigkeitstheorie ist der Aussteller, dem die Urkunde zuzurechnen ist. **(dagg.)** Auch bei Stellvertretung kommt es darauf an, ob sich der Vertretene vertreten lassen „will", nicht „muss". – **h.M.:** Ja, da keine Erlaubnis bestand. **Zur Vertiefung:** LPK/*Kindhäuser/Hilgendorf*, § 267 Rn. 43; *Wessels/Hettinger/Engländer*, Rn. 917 f.
16	Kann eine Urkunde trotz Verwendung eines falschen Namens „echt" sein?	– **e.M.:** Nein, es besteht immer die Gefahr der Täuschung des Rechtsverkehrs. **(dagg.)** Es kommt nicht auf den Namen an, sondern darauf, ob die Urkunde von demjenigen stammt, von dem sie zu stammen scheint, z.B. wo einer unter falschem Namen lebt, inkognito bleiben will etc. (Täuschung *über* den Namen). – **h.M.:** Ja (es sei denn, der Täter will sich dadurch die Möglichkeit offen halten, sich der eingegangenen Verpflichtung zu entziehen, sog. Täuschung *mit* falschem Namen) – darüber hinaus auch dann, wenn der Name für die jeweilige Beweissituation unter Berücksichtigung des Zwecks der Urkunde ohne jede Bedeutung ist. **Zur Vertiefung:** *Joecks/Jäger*, § 267 Rn. 63 ff.; LPK/*Kindhäuser/Hilgendorf*, § 267 Rn. 40
17	Kann eine Urkunde trotz Verwendung des richtigen Namens „unecht" sein?	– **e.M.:** Nein, wer aus der Urkunde als Aussteller hervorgeht, ist auch der Aussteller (keine Störung der Garantiefunktion). **(dagg.)** Trotz Verwendung seines richtigen Namens kann der Aussteller den Eindruck erwecken, ein anderer zu sein (z.B. bei Provokation einer Verwechslung mit einem

	Namensvetter oder durch Verwendung verschiedener seiner Vornamen etc.). – **h.M.:** Ja, ausnahmsweise. **Zur Vertiefung:** LPK/*Kindhäuser/Hilgendorf*, § 267 Rn. 41; *Wessels/Hettinger/Engländer*, Rn. 912	
Kann auch der Aussteller einer Urkunde diese nachträglich verfälschen i.S.d. § 267 I Var. 2 (z.B. wenn ein Schüler seine Klassenarbeit später heimlich berichtigt, sog. Klassenarbeitsfall)?	– **e.M.:** Nein, auch das „Verfälschen" setzt als Endprodukt eine unechte Urkunde voraus. **(dagg.)** Dann wäre § 267 I Var. 2 neben dem Herstellen einer unechten Urkunde (§ 267 I Var. 1) überflüssig. – **h.M.:** Ja, wenn der Aussteller seine Abänderungsbefugnis (nach Ablauf der Bearbeitungszeit) verloren hat. **Zur Vertiefung:** *Hillenkamp/Cornelius*, Probleme BT, 14. Problem	**18**
Wie ist das „Herstellen" vom „Verfälschen" abzugrenzen, nach dem Ausgangsprodukt oder nach dem Endprodukt?	– **e.M.:** Nach dem „Ausgangsprodukt", da das „Endprodukt" in beiden Fällen eine unechte Urkunde sein muss; „Verfälschen" ist nur ein Spezialfall des „Herstellens". **(dagg.)** Dem ist nicht so (s.o. Rn. 18). – **a.M.:** Nach dem „Endprodukt": Liegt kein „Herstellen" einer unechten Urkunde vor (primär zu prüfen), kommt noch immer ein „Verfälschen" in Betracht. **Zur Vertiefung:** *Fahl*, JuS 2004, 885 (887); *Rengier*, BT/2, § 33 Rn. 37 ff.	**19**
Verfälscht eine Gesamturkunde, wer eine dazu gehörende Einzelurkunde vernichtet (§ 267 I Var. 2)?	– **e.M.:** Nein, es handelt sich um ein einfache Urkundenunterdrückung nach § 274. **(dagg.)** Eine Verurteilung (nur) wegen Urkundenunterdrückung nach § 274 würde dem Unrechtsgehalt der Tat nicht gerecht. – **h.M.:** Ja, neben § 274 wird auch § 267 I Var. 2 verwirklicht. **Zur Vertiefung:** *Joecks/Jäger*, § 267 Rn. 94 f.	**20**

21	Ist die Absicht („zur Täuschung") bei § 267 (bzw. §§ 268, 281) „technisch" oder „untechnisch" zu verstehen?	– **e.M.:** Absicht ist „technisch" im Sinne eines zielgerichteten Willens zu verstehen. **(dagg.)** Wer einem anderen für Geld einen Führerschein fälscht, hat das Ziel, Geld zu verdienen – ob der andere den Führerschein vorzeigt, ist ihm gleichgültig. – **h.M.:** Die Absicht in § 267 ist „untechnisch" zu verstehen (eine Fälschung nur um jünger zu erscheinen reicht aber nicht, da nicht zur Täuschung „im Rechtsverkehr", sondern zu rein privaten Zwecken). **Zur Vertiefung:** *Fahl*, JA 2004, 624 (630); *Joecks/Jäger*, § 267 Rn. 99; LPK/*Kindhäuser/Hilgendorf*, § 267 Rn. 55
22	Hat ein Strafverteidiger „Täuschungsabsicht" i.S.d. § 267, der dem Richter eine gefälschte Urkunde vorlegt, die er für möglicherweise unecht, möglicherweise aber auch echt hält (Sterbeurkundenfall)?	– **e.M.:** Ja, die Absicht in § 267 ist „untechnisch" zu verstehen und dolus eventualis bzgl. der Unechtheit liegt nach allgemeinen Regeln vor; ein sog. Verteidigerprivileg (Beschränkung der Strafbarkeit des Verteidigers auf Absicht und Wissentlichkeit analog § 258) ist nicht anzuerkennen (s. § 258 Rn. 6 f.). **(dagg.)** Als Organ der Rechtspflege „billigt" der Verteidiger aber nicht die Unechtheit der Urkunde (sondern überlässt die Prüfung der Echtheit dem Gericht). – **h.M.:** Nein, es fehlt sogar schon der Vorsatz – würde er eine zweifelhafte Urkunde nicht weiterleiten, die sich nachher als echt herausstellt, würde er sich wegen Urkundenunterdrückung nach § 274 strafbar machen (sog. Verteidigerdilemma). **Zur Vertiefung:** *Beulke*, JR 1994, 116; *Fahl*, JA 2004, 796; *ders.*, Klassiker, § 267 Rn. 9 ff.

Handelt „zur Täuschung im Rechtsverkehr“, wer mit einem PKW in eine Verkehrskontrolle gerät und dem Polizisten einen gefälschten Führerschein vorlegt, der den Eindruck erweckt, der Führerscheininhaber besitze auch die Fahrerlaubnis für Motorräder, während er in Wahrheit nur die für PKW besitzt?	– **e.M.:** Nein, diese Fahrerlaubnis hat er ja, er will daher nicht „täuschen“. **(dagg.)** Er will aber „vorlegen“. – **h.M.:** Ja, die Täuschungsabsicht bezieht sich auf die gesamte Urkunde (genau wie das Gebrauchen, wofür schon die bloße Möglichkeit der Kenntnisnahme ausreicht). **Zur Vertiefung:** *Rengier*, BT/2, § 33 Rn. 70; *Wessels/Hettinger/Engländer*, Rn. 935; Schönke/Schröder/*Heine/Schuster*, § 267 Rn. 88	**23**
Hat auch derjenige Täuschungsabsicht i.S.d. § 267, dem eine „echte“ Urkunde gleichen Inhalts gehört, die er lediglich nicht bei sich hat (Selbsthilfeurkundenfälschung)?	– **e.M.:** Nein, da materiell keine „Täuschung“ vorliegt. **(dagg.)** Bei § 263 ist der Selbsthilfebetrug nur straflos, weil sich die Bereicherungsabsicht dort ausdrücklich auf einen „rechtswidrigen“ Vermögensvorteil beziehen muss. – **h.M.:** Ja, nach dem Schutzzweck des § 267 ist nicht entscheidend, ob die Urkunde inhaltlich wahr, sondern nur ob sie unecht ist. **Zur Vertiefung:** LK/*Zieschang*, § 267 Rn. 270; NK/*Puppe/Schumann*, § 267 Rn. 99	**24**
In welchem Verhältnis stehen das Herstellen (§ 267 I Var. 1) bzw. Verfälschen (Var. 2) zum nachfolgenden Gebrauchen (Var. 3)?	– **e.M.:** Gebrauchen ist mitbestrafte Nachtat zum Herstellen bzw. Verfälschen. **(dagg.)** Das Schutzgut des § 267 (Vertrauen des Rechtsverkehrs in die Zuverlässigkeit von Urkunden) wird durch das Gebrauchen noch stärker verletzt als durch bloßes Herstellen. – **a.M.:** Das Herstellen bzw. Verfälschen ist mitbestrafte Vortat. **(dagg.)** Der Gesetzgeber hat Herstellen und Verfälschen als eigene Tatbestandsvarianten (mit eigenem Unrechtsgehalt) ausgestaltet.	**25**

	– **a.M.:** Es handelt sich um eine „fortgesetzte Tat“. **(dagg.)** Die gibt es nicht mehr (s. AT und BT/1, § 53 Rn. 1). – **h.M.:** Anzunehmen ist stattdessen eine „einheitliche Tat“, da die schon mit dem Herstellungs- oder Verfälschungsakt vollendete Straftat erst durch den Gebrauch beendet wird. **Zur Vertiefung:** *Joecks/Jäger*, § 267 Rn. 110; LPK/*Kindhäuser/Hilgendorf*, § 267 Rn. 65; *Wessels/Hettinger/Engländer*, Rn. 937

§ 268 Fälschung technischer Aufzeichnungen

1 **Aufbauschema**

I. Tatbestand

1. Objektiver Tatbestand

a) Technische Aufzeichnung i.S.d. Abs. 2:

Darstellung (→ *Rn. 2*), Daten, Mess- oder Rechenwerte, Zustände oder Geschehensabläufe, technisches Gerät, selbsttätig bewirkt (→ *Rn. 4*), Beweisfunktion

b) Echt/Unecht

c) Tathandlung

aa) Nr. 1 Var. 1: Herstellen (bzw. Beeinflussung des Aufzeichnungsergebnisses, Abs. 3) → *Rn. 3, 5 f.*

Var. 2: Verfälschen

bb) Nr. 2 Gebrauchen einer unechten oder verfälschten technischen Aufzeichnung

2. Subjektiver Tatbestand

a) Vorsatz

b) Absicht zur Täuschung (bzw. der fälschlichen Beeinflussung einer Datenverarbeitung, § 270) im Rechtsverkehr

II. Rechtswidrigkeit

III. Schuld

IV. Strafzumessung

Besonders schwere Fälle, § 268 V i.V.m. § 267 III (Regelbeispiele)

Beachte: *Qualifikation, § 268 V i.V.m. § 267 IV*

Fallen Anzeigegeräte, die den jeweiligen Stand eines fortlaufenden Messvorganges wiedergeben, z.B. Wasseruhr, Tachometer, Stromzähler, unter § 268 (sog. Nur-Anzeigegeräte)?	– **e.M.:** Ja, es genügt jede Darstellung, deren Verwendbarkeit als Beweismittel über ihren Entstehungszeitpunkt hinaus dauerhaft erhalten bleibt (keine „technische Aufzeichnung“, sondern nur optische Anzeige ist, was nach dem Messvorgang wieder verschwindet, z.B. Display). **(dagg.)** Wegen der Parallelität zur Urkunde muss es sich um eine selbstständige, vom Aufzeichnungsgerät abtrennbare Aufzeichnung handeln (z.B. Scheibe eines Fahrtenschreibers). – **h.M.:** Nein (bei Manipulationen daran ist § 263 zu prüfen). **Zur Vertiefung:** *Hillenkamp/Cornelius*, Probleme BT, 15. Problem	2
Erfüllt das Verwenden einer gerätefremden Aufzeichnungsgrundlage (z.B. Tachoscheibe für Geräte mit anderen Geschwindigkeitsbereichen, so dass eine niedrigere Geschwindigkeit aufgezeichnet wird) den Tatbestand des § 268 I Nr. 1 oder III?	– **e.M.:** Ja, die Richtigkeit des Aufzeichnungsergebnisses hängt von der Verwendung der richtigen Tachographenscheibe ab. **(dagg.)** Geschützt ist nur das Vertrauen in die Leistung des Geräts und nicht in die des Bedieners. – **a.M.:** Nein, da die Funktionsweise des Geräts nicht beeinflusst wird (ebenso wenig das Einlegen und Entnehmen von Scheiben um Ruhezeiten vorzutäuschen). **Zur Vertiefung:** *Joecks/Jäger*, § 268 Rn. 30 f.	3
Wann ist eine Aufzeichnung i.S.d. § 268 II „selbsttätig bewirkt“? Fällt z.B. auch die Aufzeichnung einer Verkehrsüberwachungskamera darunter?	– **e.M.:** Ja, es reicht, dass das zwischen Aufzeichnungsobjekt und Aufzeichnung geschaltete Gerät die Art der Aufzeichnung wenigstens mitbestimmt (z.B. Fotokopien, Fotografien, Videos von Überwachungskameras etc.). **(dagg.)** § 268 dient dem Schutz technischer Informationsgewinnung.	4

		– **h.M.:** Nein, selbsttätig bewirkt ist eine Aufzeichnung nur, wenn ihr Inhalt eine neue Information enthält (z.B. eine eingeblendete Zeituhr oder Geschwindigkeitsmessung), die aufgrund eines in Konstruktion oder Programmierung festgelegten automatischen Ablaufs hervorgebracht wird (nicht reine Reproduktion). **Zur Vertiefung:** *Joecks/Jäger*, § 268 Rn. 18 f.; Lackner/Kühl/*Heger*, § 268 Rn. 4; LPK/*Kindhäuser/Hilgendorf*, § 268 Rn. 5; *Wessels/Hettinger/Engländer*, Rn. 951 ff.
5	Erfüllt § 268, wer durch eine Gegenblitzanlage bewirkt, dass sein Gesicht auf dem Foto bei einer Geschwindigkeitsmessung nicht erkannt wird?	– **e.M.:** Ja, durch § 268 III werden auch störende Einwirkungen auf den Aufzeichnungsvorgang erfasst. **(dagg.)** Dann wäre auch strafbar, wer eine Maske trägt. – **h.M.:** Nein, es wird zwar das Ergebnis des Aufzeichnungsvorgangs beeinträchtigt, aber das geschieht nicht durch Eingriff in die Funktionsweise des Geräts. **Zur Vertiefung:** *Joecks/Jäger*, § 268 Rn. 26; *Kudlich*, BT/2, Nr. 177a; *Wessels/Hettinger/Engländer*, Rn. 960
6	Setzt die Beeinflussung des Ergebnisses der Aufzeichnung durch störende Einwirkung i.S.d. § 268 III inhaltliche Unrichtigkeit voraus?	– **e.M.:** Ja, sonst wirkt sie nicht störend, sondern korrigierend. **(dagg.)** Auch für das Verfälschen (§ 268 I Nr. 1 Alt. 2) spielt es keine Rolle, wenn der Täter eine Aufzeichnung nur korrigiert. – **h.M.:** Nein, die Beeinflussung des Aufzeichnungsergebnisses genügt, auf dessen Wahrheit oder Unwahrheit kommt es nicht an. **Zur Vertiefung:** *Joecks/Jäger*, § 268 Rn. 27; Schönke/Schröder/*Heine/Schuster*, § 268 Rn. 52

§ 269 Fälschung beweiserheblicher Daten

Aufbauschema 1

I. Tatbestand

1. Objektiver Tatbestand
   a) Beweiserhebliche Daten → *Rn. 2*
   b) Tathandlung
      aa) Var. 1: Speichern, so dass bei Wahrnehmung eine unechte oder verfälschte Urkunde vorliegen würde → *Rn. 3 ff.*
      bb) Var. 2: Verändern, so dass bei Wahrnehmung eine unechte oder verfälschte Urkunde vorliegen würde
      cc) Var. 3: Gebrauchen derart gespeicherter oder veränderter Daten
2. Subjektiver Tatbestand
   a) Vorsatz
   b) Absicht zur Täuschung (bzw. der fälschlichen Beeinflussung einer Datenverarbeitung, § 270) im Rechtsverkehr

II. Rechtswidrigkeit

III. Schuld

IV. Strafzumessung

Besonders schwere Fälle, § 269 III i.V.m. § 267 III

Beachte: *Qualifikation, § 269 III i.V.m. § 267 IV*

Sind auch unmittelbar wahrnehmbare Strichcodes (Barcodes), Lochkarten etc. Daten i.S.d. § 269?	– **e.M.:** Ja, wie bei § 263a; es kommt nur auf die maschinengerechte Codierung an, deren Zeichen für den Betrachter (anders als Mikrofiche und Mikrofilm) völlig unverständlich sind. **(dagg.)** Abgrenzung zur Urkundenfälschung (§ 267); die Legaldefinition des § 202a II gilt auch hier: Nur nicht unmittelbar wahrnehmbar gespeicherte Daten. – **h.M.:** Nein, der fehlende Hinweis auf § 202a II erklärt sich aus der Notwendigkeit, die Daten bereits bei der Eingabe zu schützten. **Zur Vertiefung:** LPK/*Kindhäuser/Hilgendorf*, § 269 Rn. 3, § 202a Rn. 2; MüKo/*Erb*, § 269 Rn. 14	2

3	Erfüllt auch das Erstellen von Phishing-E-Mails unter Verwendung einer Absenderangabe wie „sparkasse.de" den Tatbestand?	– **e.M.:** Nein, es würde auch in Papierform keine Urkunde vorliegen, da nicht erkennbar ist, welche Sparkasse Aussteller ist (sog. offene Anonymität). **(dagg.)** Es kommt auf den Horizont des Empfängers an, der annehmen muss, dass dahinter seine Sparkasse steckt (nicht anders bei „Volksbanken Raiffeisenbanken AG", obwohl der Kundige weiß, dass es „eG" heißen müsste). – **a.M.:** Ja, auch kommt es (wie bei § 267) nicht darauf an, ob der scheinbare Aussteller (Fantasiebank, Fantasiebehörde) tatsächlich existiert (im Übrigen ist § 202c zu prüfen). **Zur Vertiefung:** *Joecks/Jäger*, § 269 Rn. 20 ff.; *Rengier*, BT/2, § 35 Rn. 10
4	Kommt es auf die Qualität der Fälschung an, z.B. bei einer schlecht gefälschten Internetseite einer Bank beim Phishing?	– **e.M.:** Ja, mangels Zurechenbarkeit zu einem Aussteller (s.o. Rn. 3). **(dagg.)** Parallelität zu § 267 (s.o. § 267 Rn. 6) – **a.M.:** Nein, die Güte der Fälschung spielt keine Rolle (wie bei § 267). **Zur Vertiefung:** *Graf*, NStZ 2007, 129 (132)
5	Erfüllt das Öffnen eines eBay-Accounts unter falschem Namen bereits den Tatbestand des § 269?	– **e.M.:** Nein, weil der Name für die Handelspartner ohne jede Bedeutung ist (s.o. § 267 Rn. 16). **(dagg.)** Für den Anbieter der Internet-Plattform eBay (Einstellungsgebühr, Auktionsprovision) ist der Name aber von Bedeutung. – **a.M.:** Ja (der ordnungsgemäß abgewickelte An- oder Verkauf von Waren unter Nutzung eines solchen Acoounts ist aber noch kein Gebrauch beweiserheblicher Daten, weil und soweit die Handelspartner ihre Entscheidung nicht an der Identität des Kaufers ausrichten). **Zur Vertiefung:** *Jahn*, JuS 2009, 662 ff.; *Joecks/Jäger*, § 269 Rn. 17, § 267 Rn. 64 f.

§ 271 Mittelbare Falschbeurkundung

Aufbauschema 1

I. Tatbestand

1. Objektiver Tatbestand

   a) Tatobjekt: Öffentliche Urkunden, Bücher, Dateien, Register

   b) Taterfolg: Unrichtige Beurkundung oder Speicherung von Erklärungen, Verhandlungen oder Tatsachen mit Erheblichkeit für Rechte und Rechtsverhältnisse

   c) Tathandlungen

      aa) Abs. 1: Bewirken → *Rn. 2 ff.*

      bb) Abs. 2: Gebrauchen

2. Subjektiver Tatbestand

   a) Vorsatz

   b) Bei Abs. 2 zusätzlich: Wille zur Täuschung (bzw. der fälschlichen Beeinflussung einer Datenverarbeitung, § 270) im Rechtsverkehr

II. Rechtswidrigkeit

III. Schuld

Beachte: *Qualifikation, § 271 III → Rn. 5*

Setzt mittelbare Falschbeurkundung notwendig die Mitwirkung eines Amtsträgers voraus oder kann auch ein Außenstehender eigenhändig § 271 begehen?	– **e.M.:** Es reicht nach der Neufassung, wenn ein Außenstehender in öffentliche Dateien eindringt und diese verändert. **(dagg.)** § 271 will die Lücke schließen, dass der Täter (mangels vorsätzlicher Haupttat) nicht nach §§ 348, 26 bestraft werden kann, wenn der Amtsträger vorsatzlos handelt (ratio legis); Überschrift (mittelbare Falschbeurkundung). – **h.M.:** Eigenhändige Manipulationen durch Außenstehende werden bereits von § 269 erfasst. **Zur Vertiefung:** Schönke/Schröder/*Heine/Schuster*, § 271 Rn. 26; *Wessels/Hettinger/Engländer*, Rn. 1001	2

3	Liegt § 271 vor, wenn der Täter etwa durch seine Falschaussage (§§ 153 f.) bewirkt, dass ein falsches Gerichtsurteil ergeht?	– **e.M.:** Ja, ein Urteil ist eine öffentliche Urkunde. **(dagg.)** Nur der Tenor ist öffentliche Urkunde, nicht die Urteilsgründe, weil sich die besondere Beweiskraft auf sie nicht erstreckt. – **h.M.:** Nein, da die Urteilsgründe zwar falsch sind, aber keine öffentliche Urkunde, und der Tenor zwar öffentliche Urkunde ist, aber nicht falsch (dieses Urteil wurde ja tatsächlich gesprochen). **Zur Vertiefung:** *Joecks/Jäger*, § 271 Rn. 15 ff.
4	Ist der Täter wegen vollendeter mittelbarer Falschbeurkundung zu bestrafen, wenn die vermeintlich gutgläubige Beweisperson in Wahrheit bösgläubig ist?	– **e.M.:** Nein, dazu besteht kein Anlass, da der Versuch nach § 271 IV bestraft werden kann (die Bestrafung „gleich einem Täter" gem. §§ 348, 26 würde die geringere Strafandrohung des § 171 unterlaufen). **(arg.)** § 271 will Fälle quasi-mittelbarer Täterschaft erfassen, daher ist als ungeschriebenes Tatbestandsmerkmal die Gutgläubigkeit hineinzulesen (vgl. zu § 160). **(dagg.)** Das würde zur Straflosigkeit der „fehlgeschlagenen" mittelbaren Falschbeurkundung (der vermeintlich Bösgläubige ist in Wahrheit gutgläubig) führen. – **h.M.:** Ja, „Bewirken" ist jede Verursachung (unabhängig von der Gut- oder Bösgläubigkeit der Urkundsperson und davon, ob sie als Täter oder Teilnehmer geschieht). **Zur Vertiefung:** *Joecks/Jäger*, § 271 Rn. 20 f.; LPK/*Kindhäuser/Hilgendorf*, § 271 Rn. 5 f.; *Rengier*, BT/2, § 37 Rn. 11 f.
5	Muss der Täter bei § 271 III Var. 2 beabsichtigen, sich „rechtswidrig" bzw. „zu Unrecht" zu bereichern?	– **e.M.:** Nein, Wortlaut (im Unterschied zu §§ 253, 263; s. § 259 Rn. 16). **(dagg.)** Die gegenüber Abs. 1 verschärfte Strafe ist nur bei im Widerspruch zur Rechtsordnung erstrebten Vorteilen zu rechtfertigen

	– **a.M.:** Ja (die Absicht fehlt, wenn der Täter einen ihm zustehenden Anspruch durchsetzen will). **Zur Vertiefung:** *Fischer*, § 271 Rn. 23; *Joecks/Jäger*, § 271 Rn. 26

§ 274 Urkundenunterdrückung

Aufbauschema 1

I. Tatbestand

1. Objektiver Tatbestand
   - a) Nr. 1
     - aa) Tatobjekt
       - (1) Urkunde oder technische Aufzeichnung
       - (2) Nicht ausschließliches Gehören → *Rn. 2*
     - bb) Tathandlung

       Vernichten, Beschädigen oder Unterdrücken → *Rn. 3*
   - b) Nr. 2
     - aa) Tatobjekt
       - (1) Daten
       - (2) Beweiserheblich
       - (3) Nicht ausschließliches Verfügendürfen
     - bb) Tathandlung

       Löschen, Unterdrücken, Unbrauchbarmachen oder Verändern
   - c) Nr. 3
     - aa) Tatobjekt

       Zur Bezeichnung einer Grenze oder eines Wasserstandes bestimmtes Merkmal
     - bb) Tathandlung

       Wegnehmen, Vernichten, Unkenntlichmachen, Verrücken oder fälschlich Setzen
2. Subjektiver Tatbestand
   - a) Vorsatz
   - b) Nachteilszufügungsabsicht → *Rn. 4 ff.*

II. Rechtswidrigkeit → *Rn. 7*

III. Schuld

2	Macht sich nach § 274 I Nr. 1 strafbar, wer sein Kfz-Kennzeichen abmontiert, um beim Tanken ohne zu bezahlen nicht identifiziert zu werden?	– **e.M.:** Nein, Kfz-Kennzeichen gehören nur dem Fahrzeughalter (wie bei Ausweispapieren ändert selbst eine öffentlich-rechtliche Vorzeigepflicht nichts daran, daher wurde § 273 eingeführt). **(dagg.)** Ein „Beweisführungsinteresse" hat aber auch der Tankwart (und andere Verkehrsteilnehmer). – **a.M.:** Ja (allerdings fehlt die Nachteilszufügungsabsicht, wenn die Kennzeichen nur abmontiert werden, um staatlichen Straf- und Bußgeldansprüchen zu entgehen, da deren Vereitelung abschließend in § 258 geregelt ist, s. § 263 Rn. 21). **Zur Vertiefung:** *Fahl*, Jura 2009, 234 (236); *ders.*, JA 1997, 925 (926); *Schmidt*, BT/1, Rn. 1382
3	„Vernichtet" eine zusammengesetzte Urkunde oder Gesamturkunde i.S.d. § 274 I Nr. 1, wer ihre Teile trennt?	– **e.M.:** Ja, allerdings tritt § 274 hinter § 267 I Var. 1 zurück, wenn die Trennung nur Mittel zur Herstellung einer unechten Urkunde ist. **(dagg.)** Wenn sich die Einzelteile ebenso gut wieder zusammenfügen lassen, liegt nach dem Wortsinn weder ein „Vernichten" noch ein „Beschädigen" vor. – **a.M.:** Nein, es handelt sich aber um eine „Urkundenunterdrückung" (mit § 267 besteht Tateinheit). **Zur Vertiefung:** *Fahl*, JuS 2004, 885 (887 ff.); *Wessels/Hettinger/Engländer*, Rn. 977
4	Ist „Absicht" bei § 274 „technisch" in dem Sinne zu verstehen, dass es dem Täter gerade darauf ankommen muss?	– **e.M.:** Ja, sonst bleibt für dolus directus 1. Grades kein Anwendungsbereich. **(dagg.)** Auch sonst im BT (z.B. §§ 267 f., 263, 257 etc.) reicht es, dass der Täter etwas als notwendiges „Zwischenziel" auf dem Weg zu seinem eigentlichen Ziel will. – **h.M.:** Nein, dolus directus 2. Grades reicht. **Zur Vertiefung:** *Joecks/Jäger*, § 274 Rn. 22; SK/*Hoyer*, § 274 Rn. 17

Kommt als „Nachteil" i.S.d. § 274 I Nr. 1, 2 (§ 303b I Nr. 2) nur eine Beeinträchtigung von Vermögensinteressen (Schaden) in Betracht?	– **e.M.:** Ja, das Wort ist dasselbe wie in § 253 und § 266 (s. § 266 Rn. 9). **(dagg.)** Es handelt sich um kein Vermögensdelikt; der Wortlaut ist im Kontext der jeweiligen Vorschrift auszulegen. – **h.M.:** Nein, der Nachteil muss nicht vermögensrechtlicher Natur sein, es reicht jede Beeinträchtigung fremder (Beweisführungs-)Interessen (aber wohl nicht schon die seelische Beeinträchtigung durch das Vorenthalten von Briefen). **Zur Vertiefung:** Schönke/Schröder/*Heine/Schuster*, § 274 Rn. 16; NK/*Puppe/Schumann*, § 274 Rn. 13	5
Schließen sich Zueignungsabsicht (§ 242) und Nachteilszufügungsabsicht aus?	– **e.M.:** Ja, so wie Sachbeschädigung und Diebstahl sich ausschließen. **(dagg.)** Das betrifft nur das Vernichten und Beschädigen: Wieso nicht unterdrückt, wer wegnimmt, und warum in der Zueignungsabsicht nicht zugleich eine Nachteilszufügungsabsicht enthalten sein soll, ist unerfindlich. – **h.M.:** Nein, es handelt sich vielmehr um eine Konkurrenzfrage. **Zur Vertiefung:** *Joecks/Jäger*, § 274 Rn. 24	6
Wirkt die Einwilligung bei § 274 I Nr. 1 rechtfertigend?	– **e.M.:** Nein, der Bestandsschutz ist im allgemeinen Interesse gewährt, das für den Einzelnen nicht disponibel ist (allenfalls kann sie zum „alleinigen Gehören" und damit zum Tatbestandsausschluss führen). **(dagg.)** Anders als §§ 267, 268 richtet sich § 274 gegen die individuelle Beweisführungsbefugnis, dann muss der Einzelne aber auch darüber disponieren können. – **h.M.:** Ja, wenn sie nicht aus besonderen Gründen unwirksam ist. **Zur Vertiefung:** *Joecks/Jäger*, § 274 Rn. 25 f.	7

§ 277 Fälschung von Gesundheitszeugnissen

Nr.	Frage	Meinungen
1	Entfaltet § 277 für § 267 eine „Sperrwirkung“ (dergestalt, dass sein Höchstmaß bei Gesundheitszeugnissen nicht überschritten werden darf)?	– **e.M.:** Nein, davon steht nichts im Gesetz. **(dagg.)** Wer sich selbst „krankschreibt“, begeht eine Urkundenfälschung (bis zu 5 Jahre), ist der Täter im öffentlichen Dienst beschäftigt, greift nur § 277 (bis zu 1 Jahr). – **h.L.:** Ja, zur Vermeidung von Wertungswidersprüchen. **Zur Vertiefung:** *Joecks/Jäger*, § 277 Rn. 1; MüKo/*Erb*, § 277 Rn. 9
2	Reicht es, wenn der, über dessen Gesundheitszustand der Täter ein Zeugnis ausgestellt hat, das Zeugnis vorlegt?	– **e.M.:** Nein, das Verhalten des Dritten muss dem Hersteller mindestens auch zurechenbar sein nach den Regeln der Mittäterschaft (kein Exzess). **(dagg.)** Davon steht nichts im Gesetz. – **h.M.:** Ja. **Zur Vertiefung:** LK/*Gribbohm*, § 277 Rn. 14 ff.; LPK/*Kindhäuser/Hilgendorf*, § 277 Rn. 4; NK/*Puppe/Schumann*, § 277 Rn. 11

§ 281 Missbrauch von Ausweispapieren

Nr.	Frage	Meinungen
1	Reicht als Ausweispapier auch ein privater Dienstausweis (Werksausweise etc.)?	– **e.M.:** Nein, es muss sich um einen öffentlichen Ausweis (von einer Behörde oder einer öffentlichen Stelle) handeln. **(dagg.)** So ist es bei § 273 (amtlicher Ausweis), § 281 II erweitert den Kreis aber auf private (und nicht nur auf ausweisgleiche öffentliche) Papiere. – **a.M.:** Ja, sofern er Ausweisfunktion hat, z.B. Angaben zur Person, Lichtbild, Unterschrift etc. **Zur Vertiefung:** *Fischer*, § 281 Rn. 2; LPK/*Kindhäuser/Hilgendorf*, § 281 Rn. 2

Fällt die Verwendung eines Behindertenausweises, der für einen anderen ausgestellt ist, zur Benutzung eines Behindertenparkplatzes unter § 281?	– **e.M.:** Nein, der Schwerbehindertenausweis dient nicht dem Nachweis der Identität einer Person. **(dagg.)** Es genügt die Bestimmung zum Nachweis der persönlichen Verhältnisse einer Person. – **h.M.:** Ja (das geschieht auch zur Täuschung im Rechtsverkehr). **Zur Vertiefung:** LPK/*Kindhäuser/Hilgendorf*, § 281 Rn. 5	**2**

§ 283 Bankrott

Ist zwischen der Bankrotthandlung und der objektiven Bedingung der Strafbarkeit nach § 283 VI (Zahlungseinstellung etc.), ein tatsächlicher Zusammenhang erforderlich?	– **e.M.:** Nein, für eine objektiven Bedingung der Strafbarkeit ist gerade charakteristisch, dass sie völlig außerhalb des Tatbestandes steht. **(dagg.)** Wenn die Krise zwischenzeitlich überwunden wurde, besteht kein Strafbedürfnis mehr. – **a.M.:** Ja (Zweifel gehen aber zu Lasten des Täters). **Zur Vertiefung:** *Kudlich*, BT/1, Nr. 222	**1**
Ist im Zweifel eine dem Schuldner günstigere oder ungünstigere Berechnung bei der Ermittlung der „Überschuldung" anzuwenden?	– **e.M.:** Die günstigere, durch Ansetzen des sog. Fortführungswertes anstelle des niedrigeren sog. Zerschlagungswertes (Zweifel, ob Fortführung möglich ist, gehen zugunsten des Schuldners). **(dagg.)** Die Vorschrift will den Schuldner gerade zu vorsichtigem Wirtschaften anhalten (ratio legis). – **a.M.:** Im Zweifel ist die strengere Berechnungsmethode anzuwenden. **Zur Vertiefung:** Lackner/Kühl/*Heger*, § 283 Rn. 6; LPK/*Kindhäuser/Hilgendorf*, § 283 Rn. 4 ff.	**2**

Rn.	Frage	Antwort
3	Sind bei § 283 I Nr. 2 Gegenleistungen zu berücksichtigen, die der Täter empfangen hat?	– **e.M.:** Nein, die Vorschrift will den Schuldner gerade zu vorsichtigem Wirtschaften anhalten (s.o. Rn. 2). **(dagg.)** Solche Ausgaben sind dann aber nicht „unwirtschaftlich“. – **a.M.:** Ja, wenn sie gleichwertig sind. **Zur Vertiefung:** LPK/*Kindhäuser/Hilgendorf*, § 283 Rn. 19; NK/*Kindhäuser*, § 283 Rn. 37
4	Macht sich nach § 283 I Nr. 5, 7b strafbar, wem die nötige Sachkenntnis zum Führen von Handelsbüchern und auch das Geld für die Bezahlung eines Buchführers fehlt?	– **e.M.:** Nein, niemandem kann etwas Unmögliches abverlangt werden (nemo ultra posse obligatur). **(dagg.)** Gedanke der omissio libera in causa bzw. des selbst verschuldeten Unvermögens, wenn der Täter das Geld dafür nicht zurückbehält. – **a.M.:** Ja (ein Vorrang der Pflicht wie bei § 266a ist aber abzulehnen). **Zur Vertiefung:** SSW/*Bosch*, § 283 Rn. 23
5	Muss die erschwerte Übersicht über den Vermögensstand bei § 283 I Nr. 5 im Zeitpunkt der Zahlungseinstellung noch vorhanden sein?	– **e.M.:** Ja, sonst ist die Gefahr ja wieder behoben. **(dagg.)** Charakter des Bankrotts als abstraktes Gefährdungsdelikt; § 283 II zeigt, dass es auf den Zeitpunkt der Zahlungseinstellung nicht ankommen kann. – **h.M.:** Nein (die nachträgliche Korrektur der Bücher kann aber für den Zusammenhang von Bankrotthandlung und objektiver Strafbarkeitsbedingung des § 283 VI bedeutsam sein). **Zur Vertiefung:** LPK/*Kindhäuser/Hilgendorf*, § 283 Rn. 32; Schönke/Schröder/*Heine/Schuster*, § 283 Rn. 36
6	Ist § 283 I Nr. 6 auch auf solche Personen anwendbar, die freiwillig Bücher führen?	– **e.M.:** Ja, z.B. Angehörige freier Berufe. **(dagg.)** Es kann keinen Unterschied machen, ob Privatleute mangels Rechtspflicht erst gar keine Bücher führen oder sie im Nachhinein beseitigen.

	– **a.M.:** Nein. **Zur Vertiefung:** Lackner/Kühl/*Heger*, § 283 Rn. 19; LPK/*Kindhäuser/Hilgendorf*, § 283 Rn. 34	
Ist es nach § 283 I Nr. 7a strafbar, wenn der Täter neben einer ordnungsgemäß erstellten Bilanz zusätzlich noch eine unrichtige anfertigt (etwa zur Täuschung von Geschäftspartnern etc.)?	– **e.M.:** Ja, Wortlaut. **(dagg.)** Dabei handelt es sich nicht um die abstrakte Gefährdung, die nach dem Sinn und Zweck des Gesetzes erfasst werden soll. – **a.M.:** Nein (in Betracht kommt aber Nr. 8). **Zur Vertiefung:** LPK/*Kindhäuser/Hilgendorf*, § 283 Rn. 38	**7**
Gilt für Teilnehmer des § 283 (die obligatorische Strafmilderung des) § 28 I?	– **e.M.:** Ja, die Schuldnereigenschaft ist besonderes pflichtbegründendes Merkmal i.S.d. § 28 I. **(dagg.)** Die Beschränkung des Täterkreises beruht nicht auf der Person, sondern auf den Umständen. – **a.M.:** Nein, die obligatorische Strafmilderung wäre unangemessen. **Zur Vertiefung:** LPK/*Kindhäuser/Hilgendorf*, § 283 Rn. 56; Schönke/Schröder/*Heine/Schuster*, § 283 Rn. 65	**8**

§ 283c Gläubigerbegünstigung

Kann „Gläubiger“ auch der für den Schuldner handelnde Täter sein?	– **e.M.:** Ja, es handelt sich um Forderungen wie andere auch. **(dagg.)** Der Grund für die Privilegierung liegt darin, dass der Schuldner hier immerhin an einen Gläubiger zahlt und nicht an sich selbst. – **h.M.:** Nein, es ist § 283 I und nicht der privilegierende § 283c anzuwenden. **Zur Vertiefung:** *Fischer*, § 283c Rn. 2; LPK/*Kindhäuser/Hilgendorf*, § 283c Rn. 6	**1**

2	Liegt Gläubigerbegünstigung durch Unterlassen (§§ 283c, 13) vor, wenn ein Insolvenzantrag verzögert wird, um einem Gläubiger noch die Möglichkeit zur Pfändung zu geben?	– **e.M.:** Ja, der Schuldner ist zum Stellen des Insolvenzantrags verpflichtet. **(dagg.)** Daraus resultiert aber noch keine (Beschützer- oder Überwacher-) Garantenstellung im Hinblick auf andere Gläubiger. – **h.M.:** Nein (anders u.U. bei kollusivem Zusammenwirken). **Zur Vertiefung:** Lackner/Kühl/*Heger*, § 283c Rn. 4; LPK/*Kindhäuser/Hilgendorf*, § 283c Rn. 12; Schönke/Schröder/*Heine/Schuster*, § 283c Rn. 7
3	Begeht derjenige, der als Gläubiger die Sicherheit annimmt, eine Beihilfe (§ 27)?	– **e.M.:** Ja, damit leistet er „Hilfe“ (ganz gleich, ob das vom Tatbestand vorausgesetzt ist oder nicht). **(dagg.)** Es handelt sich um einen Fall „notwendiger Teilnahme“. – **h.M.:** Nein, es kann aber Anstiftung gem. § 26 vorliegen, wenn er darüber hinausgeht. **Zur Vertiefung:** LPK/*Kindhäuser/Hilgendorf*, § 283c Rn. 19

§ 283d Schuldnerbegünstigung

1	Fällt unter § 283d auch die Verschiebung der Insolvenzmasse zum Vorteil des einen und zum Nachteil eines anderen Gläubigers?	– **e.M.:** Ja, die tatbestandlichen Handlungen von § 283c und d können sich überschneiden. **(dagg.)** Dann wäre ein Außenstehender schärfer zu bestrafen (§ 283d: bis zu 5 Jahre) als der seinen Gläubiger begünstigende Schuldner selbst (§ 283c: bis zu 2 Jahre). – **h.M.:** Nein, das wird vom Tatbestand nicht erfasst. **Zur Vertiefung:** LPK/*Kindhäuser/Hilgendorf*, § 283d Rn. 3; SK/*Hoyer*, § 283d Rn. 8 f.

§ 284 Unerlaubte Veranstaltung eines Glücksspiels

Frage	Antwort	Nr.
Ist das sog. Hütchenspiel (bei dem die Spieler darauf tippen, unter welchem Hütchen die Kugel nach mehrfachem Vertauschen der Hütchen verborgen ist) ein „Glücksspiel"?	– **e.M.:** Ja (abhängig von der Geschwindigkeit, mit der es gespielt wird). **(dagg.)** Auch schnelle Bewegungen können mit den Augen verfolgt werden. – **h.M.:** Nein, es handelt sich um ein bloßes Geschicklichkeitsspiel (es kann aber ein Betrug vorliegen, wenn das Opfer über seine Chancen getäuscht wird). **Zur Vertiefung:** Lackner/Kühl/*Heger*, § 284 Rn. 5; Schönke/Schröder/*Eser*/*Heine*, § 284 Rn. 5	**1**
Fällt eine Wette auf das Ergebnis von Sportereignissen, z.B. Fußballspielen („Oddset"), unter den Begriff des Glücksspiels?	– **e.M.:** Nein, bei Sportwetten kommt es vorwiegend auf Erfahrung und erworbene Kenntnisse (Geschicklichkeit) an. **(dagg.)** Das Zufallselement überwiegt („Zufallstreffer in letzter Minute"). – **h.M.:** Ja, problematisch bleibt aber, ob staatliche Monopole gegen Art. 12 GG verstoßen und ob die Erlaubnis eines EU-Mitgliedsstaates für alle gilt. **Zur Vertiefung:** *Joecks/Jäger*, § 284 Rn. 2; *Kudlich*, BT/1, Nr. 214	**2**
Erfüllt § 284, wer im Freundeskreis einmal wöchentlich einen Roulette-Abend veranstaltet, bei dem um Cent-Beträge gespielt wird?	– **e.M.:** Ja (vgl. § 284 II); anders als bei Skat oder Monopoly handelt es sich eindeutig um ein „Glücksspiel". **(dagg.)** Bei Cent-Beträgen (bis zur Grenze von ca. 5 Euro) steht die Unterhaltung im Vordergrund. – **h.M.:** Nein, aufgrund einer teleologischen Reduktion für bloße Unterhaltungsspiele. **Zur Vertiefung:** Lackner/Kühl/*Heger*, § 284 Rn. 7; *Kudlich*, BT/1, Nr. 215; SSW/*Rosenau*, § 284 Rn. 6	**3**
Setzt Halten i.S.d. § 284 voraus, dass das Spiel bereits begonnen hat?	– **e.M.:** Nein, ebenso wenig wie beim Veranstalten oder Bereitstellen. **(dagg.)** Das wäre eine Umgehung der Straflosigkeit des Versuchs (§ 23 I).	**4**

		– **a.M.:** Ja (anders als bei § 284 I Var. 1 und 3). **Zur Vertiefung:** SK/*Hoyer*, § 284 Rn. 25
5	Fällt unter § 284 auch das Bereitstellen von Räumen und Inventar?	– **e.M.:** Nein, mit „Einrichtungen" sind nur Würfel, Karten, Spieltische etc. gemeint. **(dagg.)** Dem Schutzzweck nach soll auch das Zurverfügungstellen von Gelegenheiten verhindert werden. – **h.M.:** Ja (daran ändert weder „Sozialadäquanz" noch „berufstypisches Verhalten" etwas). **Zur Vertiefung:** *Kudlich*, BT/1, Nr. 216; Lackner/Kühl/*Heger*, § 284 Rn. 11; LPK/*Kindhäuser/Hilgendorf*, § 284 Rn. 4

§ 285 Beteiligung am unerlaubten Glücksspiel

1	Können sich auch verdeckte Ermittler nach § 285 strafbar machen?	– **e.M.:** Nein, durch ihre Beteiligung am Glücksspiel werden staatliche Kontrollinteressen nicht beeinträchtigt (teleologische Reduktion). **(dagg.)** § 110a StPO enthält einen Rechtfertigungsgrund nur für das Betreten der Wohnung (s. § 34 Rn. 10). – **a.M.:** Ja (es sei denn, § 34 greift ein). **Zur Vertiefung:** Lackner/Kühl/*Heger*, § 285 Rn. 1; NK/*Gaede*, § 285 Rn. 5

§ 287 Unerlaubte Veranstaltung einer Lotterie oder einer Ausspielung

1	Fallen nach dem „Schneeballsystem" angelegte Formen sog. progressiver Kundenwerbung (noch) unter § 287?	– **e.M.:** Ja (allerdings wird eine etwaige Strafbarkeit nach § 287 von § 16 UWG verdrängt). **(dagg.)** Sondernorm des § 16 UWG – **h.M.:** Nein, anders u.U. bei nicht unter § 16 UWG fallenden Kettenbriefaktionen. **Zur Vertiefung:** *Fischer*, § 287 Rn. 4; Schönke/Schröder/*Heine/Hecker*, § 287 Rn. 8

§ 288 Vereiteln der Zwangsvollstreckung

Ist auch das Zerstören oder Beschädigen in einer Weise, die die Zwangsvollstreckung beeinträchtigt, ein Beiseiteschaffen?	– **e.M.:** Ja, dem Schutzzweck nach fällt darunter jede Handlung, durch die ein Gegenstand der Zwangsvollstreckung tatsächlich entzogen wird. **(dagg.)** Eine Beschädigung schließt die Zwangsvollstreckung nicht aus und im Unterschied zum Zerstören geht das Beiseiteschaffen von der Fortexistenz der Sache aus; die §§ 265, 283, 283d erwähnen neben dem Beiseiteschaffen ausdrücklich das Beschädigen und Zerstören. – **h.M.:** Nein. **Zur Vertiefung:** LPK/*Kindhäuser/Hilgendorf*, § 288 Rn. 9; Schönke/Schröder/*Heine/Hecker*, § 288 Rn. 14; *Rengier*, BT/1, § 27 Rn. 16; *Wessels/Hillenkamp/Schuhr*, Rn. 502	1
Ist Vereitelung(sabsicht) bzgl. der Zwangsvollstreckung zur Herausgabe einer Sache (§ 883 ZPO) zu verneinen, wenn (nach Beiseiteschaffen der Sache) genügend Vermögen zur Befriedigung eines Schadensersatzanspruchs zur Verfügung steht?	– **e.M.:** Nein, wie bei Geldforderungen fehlt die Vereitelungsabsicht, wenn genügend andere Werte vorhanden sind. **(dagg.)** Der Schuldner hat kein Recht, den Gläubiger auf einen Schadensersatzanspruch zu verweisen. – **h.M.:** Ja. **Zur Vertiefung:** Lackner/Kühl/*Heger*, § 288 Rn. 6; LPK/*Kindhäuser/Hilgendorf*, § 288 Rn. 10; *Otto*, BT, § 50 Rn. 20	2
Ist die „Absicht" bei § 288 „technisch" (dolus directus 1. Grades) zu verstehen?	– **e.M.:** Ja, „Absicht" ist zielgerichteter Wille. **(dagg.)** Im BT wird Absicht überwiegend „untechnisch" verstanden. – **h.M.:** Nein, es reicht sicheres Wissen (dolus directus 2. Grades). **Zur Vertiefung:** LPK/*Kindhäuser/Hilgendorf*, § 288 Rn. 10; *Rengier*, BT/1, § 27 Rn. 17	3

Rn.	Frage	Antwort
4	Liegt mittelbare Täterschaft (§ 25 I Alt. 2) vor, wenn der (abwesende) Schuldner einen Dritten zu einer Handlung i.S.d. § 288 veranlasst?	– **e.M.:** Nein, die reine Veranlassung einer Tat begründet (wegen ihres Anstiftungscharakters) noch keine Tatherrschaft. **(dagg.)** Da täterschaftliches Handeln eines Außenstehenden nicht strafbar ist und auch eine Anstiftung mangels Haupttat nicht in Betracht kommt, bleibt nur mittelbare Täterschaft. – **h.M.:** Ja, sog. normative Tatherrschaft (s. § 25 Rn. 9). **Zur Vertiefung:** *Kudlich*, BT/1, Nr. 212; LPK/*Kindhäuser/Hilgendorf*, § 288 Rn. 2; LK/*Schünemann*, § 288 Rn. 41
5	Ist die Schuldnereigenschaft bei § 288 besonderes persönliches Merkmal i.S.d. § 28 I?	– **e.M.:** Ja, die Schuldnereigenschaft ist besonderes pflichtbegründendes Merkmal (s.o. § 283 Rn. 8). **(dagg.)** Die Beschränkung des Täterkreises beruht nicht auf der Person, sondern auf den Umständen. – **h.M.:** Nein (daher keine obligatorische Strafmilderung). **Zur Vertiefung:** LPK/*Kindhäuser/Hilgendorf*, § 288 Rn. 2; SSW/*Kudlich*, § 288 Rn. 13

§ 289 Pfandkehr

1 **Aufbauschema**

I. Tatbestand

1. Objektiver Tatbestand
   - a) Tatobjekt
     - aa) Sache
     - bb) Eigene (Alt. 1) / Fremde (Alt. 2)
     - cc) Beweglich
   - b) Tatsituation

     Bestehen eines Pfand-, Nutzungs- oder Zurückbehaltungsrechts → *Rn. 2*
   - c) Tathandlung: Wegnehmen (zugunsten des Eigentümers) → *Rn. 3 f.*
2. Subjektiver Tatbestand
   - a) Vorsatz
   - b) „In rechtswidriger Absicht" → *Rn. 5*

II. Rechtswidrigkeit

III. Schuld

IV. Strafverfolgungsvoraussetzung

Strafantrag, § 289 III

Frage	Meinungen	Rn.
Werden von § 289 auch Pfändungspfandrechte (§ 804 I ZPO) erfasst?	– **e.M.:** Nein, insoweit geht § 136 vor. **(dagg.)** Wortlaut des § 804 I ZPO („Durch die Pfändung erwirbt der Gläubiger ein Pfandrecht …“). – **h.M.:** Ja. **Zur Vertiefung:** Lackner/Kühl/*Heger*, § 289 Rn. 1; LPK/*Kindhäuser/Hilgendorf*, § 289 Rn. 5; *Wessels/ Hillenkamp/ Schuhr*, Rn. 469	2
Ist unter Wegnahme i.S.d. § 289 I dasselbe zu verstehen wie bei § 242?	– **e.M.:** Ja, die Wörter sind gleich auszulegen. **(dagg.)** Auch besitzlose Pfandrechte (z.B. Vermieterpfandrecht) müssen geschützt werden (gegen das sog. „Rücken“ des Mieters). – **h.M.:** Nein, „Wegnehmen“ ist hier weiter auszulegen und setzt keinen Gewahrsamsbruch, sondern nur das räumliche Entfernen voraus (wie in § 274 I Nr. 3). **Zur Vertiefung:** *Joecks/Jäger*, § 289 Rn. 3 f.; LPK/*Kindhäuser/Hilgendorf*, § 289 Rn. 9	3
Ist auch das Entfernen von Gegenständen, die der Gerichtsvollzieher gem. § 808 II ZPO im Gewahrsamsbereich des Schuldners belassen hat, Wegnahme i.S.d. § 289 I?	– **e.M.:** Ja, konsequenterweise (da auch Pfändungspfandrechte erfasst werden, s.o. Rn. 2). **(dagg.)** Durch die bloße Anbringung des Pfandsiegels wird kein ausreichender Machtbereich des Gläubigers geschaffen. – **h.M.:** Nein (zu prüfen ist § 136). **Zur Vertiefung:** LPK/*Kindhäuser/Hilgendorf*, § 289 Rn. 10; *Rengier*, BT/1, § 28 Rn. 11 ff.; *Wessels/Hillenkamp/ Schuhr*, Rn. 471	4
Heißt „in rechtswidriger Absicht“, dass es dem Täter auf den Erfolg (bzw. die Rechtswidrigkeit der Wegnahme) gerade ankommen muss?	– **e.M.:** Ja, dolus directus 2. Grades und bedingter Vorsatz (bzgl. der Rechtswidrigkeit) reichen nicht. **(dagg.)** Im BT wird Absicht überwiegend „untechnisch“ verstanden (s.o. § 288 Rn. 3).	5

		– **h.M.:** Es genügt das Wissen (dolus directus), mit seiner Handlung ein fremdes Sicherungsinteresse zu verletzen. **Zur Vertiefung:** *Rengier*, BT/1, § 28 Rn. 14; Schönke/Schröder/*Heine/Hecker*, § 289 Rn. 10; *Wessels/Hillenkamp/Schuhr*, Rn. 472
6	Macht sich, wer sich als Eigentümer (oder für ihn) mit Gewalt gegen einen Pfandgläubiger wehrt, wegen räuberischer Erpressung (§§ 253, 255) strafbar?	– **e.M.:** Ja, einer Vermögensverfügung bedarf es für § 253 nicht (s. § 253 Rn. 2). **(dagg.)** Umgehung der von § 249 gewollten Straflosigkeit der mit Raubmitteln, aber ohne Zueignungsabsicht erzwungenen Wegnahme. – **a.M.:** Nein, § 249 scheidet mangels Fremdheit (beim Eigentümer) bzw. Zueignungsabsicht (bei dem Dritten) aus, Bestrafung kann nur aus § 289 in Tateinheit mit § 240 (Gewalt) erfolgen. **Zur Vertiefung:** *Joecks/Jäger*, § 289 Rn. 7

§ 290 Unbefugter Gebrauch von Pfandsachen

1	Ist die Eigenschaft, öffentlicher Pfandleiher zu sein, besonderes persönliches Merkmal i.S.d. § 28 I?	– **e.M.:** Ja, wegen des gerade dem öffentlicher Pfandleiher in der Bevölkerung entgegengebrachten Vertrauens. **(dagg.)** Das beschreibt nur den Täterkreis (Sonderdelikt). – **h.M.:** Nein (keine obligatorische Strafmilderung für Teilnehmer). **Zur Vertiefung:** LPK/*Kindhäuser/Hilgendorf*, § 290 Rn. 3; SSW/*Kudlich*, § 290 Rn. 5
2	Ist die Tat nur auf Antrag verfolgbar?	– **e.M.:** Ja, in Analogie zu § 248b III (Bagatellprinzip). **(dagg.)** Das hätte der Gesetzgeber anordnen müssen. – **h.M.:** Nein. **Zur Vertiefung:** LPK/*Kindhäuser/Hilgendorf*, § 290 Rn. 8; SSW/*Kudlich*, § 290 Rn. 7

§ 291 Wucher

Setzt „Ausbeuten“ eine besonders anstößige, von Rücksichtslosigkeit geprägte Vorgehensweise voraus?	– **e.M.:** Ja, Unterschied zum bloßen „Ausnutzen“ in § 291 I 2 (grammatische Auslegung). **(dagg.)** Der Gesetzgeber wollte damit keinen Unterschied schaffen. – **h.M.:** Nein (historische Auslegung). **Zur Vertiefung:** LPK/*Kindhäuser/Hilgendorf*, § 291 Rn. 16; Schönke/Schröder/*Heine/Hecker*, § 291 Rn. 29	1
Ist aus Sicht des Gläubigers oder aus Sicht des Opfers zu beurteilen, ob ein „Missverhältnis“ vorliegt?	– **e.M.:** Aus Sicht des Opfers. **(dagg.)** Was das Opfer sich verspricht, ist nicht entscheidend. – **h.M.:** Aus Sicht des Gläubigers (objektiv). **Zur Vertiefung:** *Kudlich*, BT/1, Nr. 217; SSW/*Saliger*, § 291 Rn. 13	2
Wann liegt bei illegalen Geschäften (z.B. Drogendeals) ein „auffälliges Missverhältnis“ vor?	– **e.M.:** Wie bei legalen Geschäften bei Überschreiten des „Marktpreises“ um einen bestimmten Prozentsatz. **(arg.)** Verhindern eines rechtsfreien Raumes (im Ganovenmilieu) **(dagg.)** Für illegale Drogen gibt es keinen Markt (und daher auch keinen Marktpreis). – **a.M.:** Immer, da der Wert der Leistung „Null“ beträgt. **(dagg.)** Die Rechtsordnung kann nicht den Erwerb von Betäubungsmitteln bei Strafe verbieten und andererseits einen Preis festlegen. – **a.M.:** Nie (die Sittenwidrigkeit des Geschäfts nach § 138 II BGB steht der Strafbarkeit nach § 291 aber natürlich nicht entgegen). **Zur Vertiefung:** *Fischer*, § 291 Rn. 19a; LPK/*Kindhäuser/Hilgendorf*, § 291 Rn. 21	3

4	Macht sich der Freund des Opfers nach §§ 291, 26 strafbar, der das noch unentschlossene Opfer zum Abschluss drängt?	– **e.M.:** Ja, es handelt sich zugleich um eine Unterstützung des Täters (sofern das Opfer nicht omnimodo facturus ist). **(dagg.)** Das Opfer selbst kann sich nach § 291 nicht strafbar machen (notwendige Teilnahme); das sollte auch für Teilnehmer „auf Seiten" des Opfers (Freund, Ehefrau etc.) gelten. – **a.M.:** Nein (i.S. einer „Lagertheorie"). **Zur Vertiefung:** *Kudlich*, BT/1, Nr. 220
5	Fallen unseriöse Schlüsseldienste und Rohrreiniger unter § 291?	– **e.M.:** Nein, eine „Zwangslage" liegt nur vor, wenn besondere Umstände gegeben sind (Kinder allein zu Haus; drohende Überflutung). **(dagg.)** Schutzzweck der Norm. – **a.M.:** Ja. **Zur Vertiefung:** *Bechtel*, JR 2019, 503

§ 292 Jagdwilderei

1 **Aufbauschema**

I. Tatbestand

1. Objektiver Tatbestand

a) Unter Verletzung fremden Jagd- oder Jagdausübungsrechts

b) Nr. 1: aa) Tatobjekt: Wild → *Rn. 2, 4 ff.*

bb) Tathandlung: Nachstellen, Fangen, Erlegen, Zueignen → *Rn. 3*

c) Nr. 2: aa) Tatobjekt: Dem Jagdrecht unterliegende Sache

bb) Tathandlung: Zueignen, Beschädigen, Zerstören

2. Subjektiver Tatbestand

II. Rechtswidrigkeit

III. Schuld

IV. Strafzumessung

Besonders schwere Fälle, § 292 II (Regelbeispiele) → *Rn. 7 f.*

V. Strafverfolgungsvoraussetzung

Strafantrag, § 294 (außer im Falle von Abs. 2)

Begeht derjenige eine Jagdwilderei, der einem Wilderer das Wild wegnimmt, das dieser bereits in Eigenbesitz genommen und aus dem Jagdrevier fortgeschafft hat?	– **e.M.:** Nein, das Objekt ist nicht mehr herrenlos, sondern Besitzobjekt, und kann daher nicht mehr Gegenstand von § 292 (sondern nur von § 259) sein. **(dagg.)** Der Wilderer selbst kann wegen § 958 II BGB kein Eigentum erwerben und der Jagdausübungsberechtigte erwirbt nach § 958 I BGB nicht schon Eigentum, wenn irgendwer das Wild in Eigenbesitz nimmt, folglich bleibt das Wild herrenlos. – **h.M.:** Ja, § 292 I Nr. 2. **Zur Vertiefung:** *Otto*, BT, § 50 Rn. 25; *Wessels/Hillenkamp/Schuhr*, Rn. 453	2
Liegt ein (vollendetes) „Nachstellen" auch bei einem (völlig) untauglichen Versuch vor, z.B. wenn einer einen Vogel durch Pfeifen anzulocken versucht?	– **e.M.:** Nein, da dem Rechtsgut davon keine Gefahr drohen kann, wäre die Bestrafung reines Gesinnungsstrafrecht (s. § 159 Rn. 1). **(dagg.)** Auch sonst ist der untaugliche Versuch strafbar (§ 23 III). – **h.M.:** Ja, auf die Tauglichkeit der Mittel kommt es nicht an. **Zur Vertiefung:** LK/*Schünemann*, § 292 Rn. 49, *Wessels/Hillenkamp/Schuhr*, Rn. 472	3
Wie ist derjenige zu bestrafen, der einer Hauskatze (kein Wild i.S.d. § 292) nachstellt, die er für eine Wildkatze (Wild i.S.d. § 292) hält?	– **e.M.:** Wegen vollendeter Jagdwilderei; § 292 ist ein „Unternehmensdelikt", bei dem das, was materiell nur Versuch wäre, bereits zur Vollendung führt; ob der Versuch „tauglich" ist, spielt keine Rolle. **(dagg.)** In der Vollendung am falschen Objekt steckt aber nicht der Versuch am richtigen Objekt (s. § 16 Rn. 3). – **h.M.:** Wegen § 292 mangels objektiven Tatbestandes nicht (und wegen Diebstahls mangels unmittelbaren Ansetzens nicht). **Zur Vertiefung:** LK/*Schünemann*, § 292 Rn. 49; LPK/*Kindhäuser/Hilgendorf*, § 292 Rn. 16; *Wessels/Hillenkamp/Schuhr*, Rn. 482	4

5	Wie ist ein Täter zu bestrafen, der objektiv § 242, subjektiv aber § 292 verwirklicht (z.B. ein fremdes Hauskaninchen fälschlich für einen Wildhasen hält und mitnimmt) und umgekehrt?	– **e.M.:** Wegen vollendeter Jagdwilderei (§ 292); hier wie da geht es um „Zueignung", auf die juristisch exakte Gehörensvorstellung kommt es nicht an. **(dagg.)** Das ist mit der Garantiefunktion des Art. 103 II GG nicht vereinbar. – **h.M.:** Strafbarkeitslücken sind hinzunehmen (im Beispiel geht der Täter straflos aus; für § 242 fehlt der Vorsatz, bei § 292 der objektive Tatbestand). **Zur Vertiefung:** LPK/*Kindhäuser/Hilgendorf*, § 292 Rn. 17 ff.; *Wessels/Hillenkamp/Schuhr*, Rn. 481
6	Wie ist derjenige zu bestrafen, der sich keine Gedanken macht, ob das Wild, das er mitnimmt, vom Jäger (oder seinen Leuten) oder von einem Wilderer erlegt und dort abgelegt worden ist?	– **e.M.:** Nach dem Delikt, das objektiv verwirklicht ist, da ein solcher Täter generellen Vorsatz (dolus generalis) bzgl. aller Umstände hat, von denen die Anwendbarkeit des Tatbestandes abhängt. **(dagg.)** Aus logischen Gründen kann das Wild nur entweder vom Berechtigten oder vom Nicht-Berechtigten erlegt worden sein (tertium non datur). – **a.M.:** Nach den Grundsätzen, die für den sog. alternativen Vorsatz gelten, wobei zu beachten ist, dass der Versuch bei § 292 nicht strafbar ist. **Zur Vertiefung:** *Wessels/Hillenkamp/Schuhr*, Rn. 480
7	Liegt ein besonders schwerer Fall (§ 292 II Nr. 2) vor, wenn ein Kraftfahrer sich Wild, das er versehentlich überfahren hat, nachts oder in der Schonzeit zueignet (§ 292 I Nr. 2)?	– **e.M.:** Ja, einer Beschränkung des § 292 II Nr. 2 auf § 292 I Nr. 1 (Nachstellen, Fangen, Erlegen) bedarf es nach der Umgestaltung in bloße Regelbeispiele nicht mehr (weil ein besonders schwerer Fall trotz Vorliegens seiner Merkmale verneint werden kann). **(dagg.)** Schon die Annahme einer Regelwirkung wäre in diesen Fällen verfehlt. – **h.M.:** Nein, der funktionale Zusammenhang zwischen Wildereihandlung und der

	Zeit, der der ratio legis nach gefordert werden muss, fehlt in solchen Fällen. **Zur Vertiefung:** LPK/*Kindhäuser/Hilgendorf*, § 292 Rn. 24; *Wessels/Hillenkamp/Schuhr*, Rn. 486	
Ist die Ausschlussklausel bei Geringwertigkeit in § 243 II auf den besonders schweren Fall nach § 292 II übertragbar?	– **e.M.:** Ja, § 243 II gilt analog. **(dagg.)** Es fehlt eine (unbewusste) Regelungslücke. – **h.M.:** Nein, freilich kann Geringwertigkeit ein Kontraindiz für die Annahme eines besonders schweren Falls sein („in der Regel“). **Zur Vertiefung:** *Wessels/Hillenkamp/Schuhr*, Rn. 484	**8**

§ 294 Strafantrag

Ist die Tat nach § 292 über § 294 hinaus auch im Falle der Geringwertigkeit nur auf Antrag verfolgbar?	– **e.M.:** Ja, in Analogie zu § 248a (Bagatellprinzip). **(dagg.)** Dies ist keine (unbewusste) Regelungslücke. – **h.M.:** Nein. **Zur Vertiefung:** LPK/*Kindhäuser/Hilgendorf*, § 292 Rn. 28; *Wessels/Hillenkamp/Schuhr*, Rn. 483	**1**

§ 298 Wettbewerbsbeschränkende Absprachen bei Ausschreibungen

Fallen auch „vertikale“ Absprachen zwischen einem Bieter und einer Person auf Seiten des Veranstalters unter § 298?	– **e.M.:** Ja, europarechtliche Gesichtspunkte, Wortlaut. **(dagg.)** Rein vertikalen Absprachen fehlt die typische, nach dem Regelungszweck zu verhindernde Tendenz zur Wiederholung. – **h.M.:** Nein, erfasst sind nur „horizontale“ Absprachen (zwischen Kartellmitgliedern); Heimlichkeit ist aber nicht erforderlich, so dass das Mitwissen von Personen auf Seiten des Veranstalters (kollusives Verhalten) andererseits auch nicht schadet. **Zur Vertiefung:** LPK/*Kindhäuser/Hilgendorf*, § 298 Rn. 8; *Wessels/Hillenkamp/Schuhr*, Rn. 744	**1**

2	Fallen sog. Frühstückskartelle, bei denen lediglich Informationen ausgetauscht werden, welches Angebot man einreichen will, unter § 298?	– **e.M.:** Ja, Wortlaut. **(dagg.)** Absprachen sind nur verbindliche Vereinbarungen. – **h.M.:** Nein. **Zur Vertiefung:** *Joecks/Jäger*, § 298 Rn. 4
3	Ist für die Abgabe des Angebots Zugang erforderlich?	– **e.M.:** Nein, Absenden reicht („Abgeben“). **(dagg.)** Das geschützte Rechtsgut ist erst beim Zugang gefährdet. – **h.M.:** Ja, Absenden ist noch strafloser Versuch. **Zur Vertiefung:** LPK/*Kindhäuser/Hilgendorf*, § 298 Rn. 6
4	Ist die Rechtswidrigkeit der Absprache Tatbestandsmerkmal?	– **e.M.:** Nein, sonst ist sie das schließlich auch nicht. **(dagg.)** Die Rechtswidrigkeit ist hier kartellrechtlich zu verstehen. – **h.M.:** Ja, vorsatzrelevantes Tatbestandsmerkmal. **Zur Vertiefung:** LPK/*Kindhäuser/Hilgendorf*, § 298 Rn. 7
5	Liegt Mittäterschaft (§ 25 II) vor, wenn ein Außenstehender sein eigenes Angebot in Kenntnis der Absprache zurückzieht (oder ein Schutzangebot zugunsten der Kartellmitglieder abgibt)?	– **e.M.:** Ja, § 298 ist kein „Sonderdelikt“ für Kartellmitglieder. **(dagg.)** Mittäter kann aber nur sein, wer in einer Tatherrschaft begründenden Weise am Kartell beteiligt ist. – **a.M.:** Nein, möglich ist aber Beihilfe (§ 27). **Zur Vertiefung:** LPK/*Kindhäuser/Hilgendorf*, § 298 Rn. 11
6	In welchem Konkurrenzverhältnis stehen § 263 (Submissionsbetrug) und der (neu ins StGB aufgenommene) § 298?	– **e.M.:** § 298 verdrängt als lex specialis den Betrug. **(dagg.)** Dann wären auch die besonders schweren Fälle des § 263 III, insb. Nr. 2–4, unanwendbar.

	– **a.M.:** § 298 tritt als subsidiär zurück; er dient nur dazu, Lücken zum Betrug zu schließen (s. § 263 Rn. 28). **(dagg.)** unterschiedliche Schutzzwecke (Vermögen/Wettbewerb) – **h.M.:** Tateinheit (§ 52). **Zur Vertiefung:** *Wessels/Hillenkamp/Schuhr*, Rn. 744

§ 299 Bestechlichkeit und Bestechung im geschäftlichen Verkehr

Ist auch der Alleingesellschafter einer „Einmann-GmbH" tauglicher Täter des § 299?	– **e.M.:** Nein, er ist faktisch Geschäftsherr (welcher eindeutig nicht Angestellter oder Beauftragter ist); auch bei § 266 scheidet der Alleingesellschafter aus (s. § 266 Rn. 5). **(dagg.)** Es geht um unterschiedliche Rechtsgüter, Schutz des Vermögens bei § 266, um den Schutz des Wettbewerbs bei § 299. – **h.M.:** Ja. **Zur Vertiefung:** *Kudlich*, BT/1, Nr. 225	1
Wirkt die Einwilligung des Geschäftsherrn rechtfertigend?	– **e.M.:** Ja, nach allgemeinen Grundsätzen. **(dagg.)** Bei § 299 geht es um den Schutz der Freiheit des Wettbewerbs (Allgemeingut). – **h.M.:** Nein, es fehlt die Zustimmung der geschädigten Wettbewerber. **Zur Vertiefung:** LPK/*Kindhäuser/Hilgendorf*, § 299 Rn. 18	2

§ 303 Sachbeschädigung

Aufbauschema 1

I. Tatbestand

1. Objektiver Tatbestand

a) Tatobjekt

aa) Sache → *Rn. 2*

bb) Fremd

b) Tathandlung → *Rn. 3*

aa) Abs. 1: Alt. 1: Beschädigen → *Rn. 4 ff., 13*

Alt. 2: Zerstören → *Rn. 10 f.*

bb) Abs. 2: Verändern des Erscheinungsbildes → *Rn. 17 f.*

(1) Nicht nur unerheblich → *Rn. 15*

(2) Nicht nur vorübergehend → *Rn. 14*

(3) Unbefugt → *Rn. 16*

2. Subjektiver Tatbestand

II. Rechtswidrigkeit → *Rn. 12*

III. Schuld

IV. Strafverfolgungsvoraussetzung

Strafantrag, § 303c

Beachte: *Qualifikationen, §§ 305, 305a Nr. 1*

2	Setzt die Sachbeschädigung eine werthaltige Sache voraus?	– **e.M.:** Ja, was keinen Wert hat, kann nicht weniger wert werden. **(dagg.)** Darum geht es nicht, Schutzobjekt ist nicht das Vermögen, sondern das Eigentum. – **h.M.:** Nein, auf den Geldwert kommt es nicht an, geschützt sind auch Sachen ohne Marktwert (wie bei § 242). **Zur Vertiefung:** LK/*Wolff*, § 303 Rn. 3; LPK/*Kindhäuser/Hilgendorf*, § 303 Rn. 3
3	Wovor wird das Eigentum in § 303 I geschützt?	– **e.M.** (sog. Zustandsveränderungstheorie): vor Veränderungen jeder Art **(dagg.)** Dann hätte es des § 303 II nicht bedurft. – **a.M.** (sog. Substanzverletzungstheorie): vor Substanzverletzungen **(dagg.)** Die „Substanztheorie“ in Reinform wird selbst bei § 242 nicht mehr vertreten, sondern der (sich in der Brauchbarkeit niederschlagende) Sachwert einbezogen. – **a.M.** (sog. Brauchbarkeits- oder Funktionsvereitelungstheorie): vor Beeinträchtigung

	der bestimmungsgemäßen Brauchbarkeit (Funktion) **(dagg.)** Das ginge (in dieser Pauschalität) zu weit. – **h.M.:** vor nicht unerheblicher körperlicher Einwirkung auf die Sache, durch die ihre Substanz verletzt oder ihre bestimmungsgemäße Brauchbarkeit beeinträchtigt wird (sog. kombinierte Substanzverletzungs- und Funktionsvereitelungstheorie) **Zur Vertiefung:** *Beulke*, KK I, Rn. 144; *Wessels/Hillenkamp/Schuhr*, Rn. 16, 21 ff.	
Ist das Zerlegen einer Maschine in ihre Einzelteile oder das Auseinanderbauen eines Ikea-Regals eine Sachbeschädigung i.S.d. § 303 I?	– **e.M.:** Nein, eine Substanzverletzung liegt nicht vor, die Einzelteile sind alle noch vorhanden und brauchbar. **(dagg.)** Es kann keine Rolle spielen, ob ein zum Laufen benötigtes Teil entfernt (dann: Substanzverletzung) oder ein am Laufen hinderndes Teil hinzugefügt (z.B. Holzkeil, dann: keine Substanzverletzung) wird. – **h.M.:** Ja, sowohl nach der Zustandsveränderungs- wie auch nach der Funktionsvereitelungstheorie. **Zur Vertiefung:** *Wessels/Hillenkamp/Schuhr*, Rn. 33	4
Ist das Überkleben oder Beschmieren von Verteilerkästen der Post eine Sachbeschädigung gem. § 303 I Alt. 1?	– **e.M.:** Ja, nach der Zustandsveränderungstheorie (s.o. Rn. 3). **(dagg.)** Der bestimmungsgemäße Gebrauch des Verteilerkastens wird dadurch aber (anders als bei einem Kunstgegenstand, z.B. einer Marmorbüste) nicht beeinträchtigt. – **h.M.:** Nein (es sei denn durch das Entfernen würde der Gegenstand beschädigt, Reinigungsschaden oder sog. mittelbare Sachbeschädigung, z.B. beim Überkleben von Wahlplakaten). **Zur Vertiefung:** *Joecks/Jäger*, § 303 Rn. 10 f.	5

6	Liegt eine Beschädigung (§ 303 I Alt. 1) vor, wenn eine Verkehrsüberwachungskamera so mit Senf beschmiert oder durch Reflektoren oder eine Gegenblitzanlage so geblendet wird, dass unbrauchbare Bilder entstehen?	– **e.M.:** Ja, im einen wie im anderen Fall sind Radaranlage (und Foto) in ihrer Brauchbarkeit beeinträchtigt. **(dagg.)** Dann läge eine Beschädigung der Kamera bzw. des Fotos auch vor, wenn der Fahrer sich abwendet. – **h.M.:** Nein, die bloße Beeinflussung des Ergebnisses des Aufzeichnungsvorgangs reicht weder für § 303 (oder § 303a), noch für § 268 (und der Senf kann leicht wieder entfernt werden). **Zur Vertiefung:** Lackner/Kühl/*Heger*, § 303 Rn. 4; *Rengier*, BT/1, § 24 Rn. 22; *Wessels/Hillenkamp/Schuhr*, Rn. 31
7	Liegt eine Beschädigung (der Fabrikationsmaschine) darin, dass ein Bagger das zur Fabrik führende Stromkabel zerschneidet?	– **e.M.:** Ja, die Maschine ist (vorübergehend) nicht zu gebrauchen. **(dagg.)** Wenn das Kabel vom Fernseher durchtrennt wird, liegt die Sachbeschädigung auch nicht darin, dass der Fernseher keinen Strom bekommt, sondern darin, dass sein Kabel kaputt ist. – **h.M.:** Nein (auch § 823 I BGB wird in den sog. Kabelfällen verneint, es sei denn das Kabel führe nur zu dem betroffenen Betrieb, aber selbst dann tritt das Strafrecht zurück). **Zur Vertiefung:** *Joecks/Jäger*, § 303 Rn. 13 ff.
8	Ist das Fliegenlassen eines einheimischen Singvogels als Sachbeschädigung strafbar?	– **e.M.:** Ja, der Vogel ist damit nicht mehr bestimmungsgemäß (zum Singen) zu gebrauchen. **(dagg.)** Dann wäre jeder Diebstahl auch eine Sachbeschädigung, die Sache bleibt aber brauchbar, dem Eigentümer wird nur der Gebrauch entzogen. – **h.M.:** Nein, es handelt sich um bloße Sachentziehung – anders als bei einem exotischen Vogel, der in Freiheit stirbt (§ 242 scheitert sowohl an der fehlenden Zueig-

	nungsabsicht wie auch schon an der Begründung neuen Gewahrsams). **Zur Vertiefung:** *Wessels/Beulke/Satzger*, Rn. 90 ff.	
Ist das Ablassen von Luft aus einem Fahrrad- oder Autoreifen eine Sachbeschädigung?	– **e.M.:** Ja, ohne Luft ist ein Reifen nicht bestimmungsgemäß zu gebrauchen. **(dagg.)** Eine Fabrik ist ohne Strom ebenfalls nicht zu gebrauchen und trotzdem liegt im Entziehen des Stroms keine Sachbeschädigung (s.o. Rn. 7). – **a.M.:** Nein, es liegt ein bloßer Entzug der Gebrauchsmöglichkeit vor (wie beim Singvogel). **(dagg.)** Anders als beim Stromkabel- oder Singvogelfall liegt hier aber eine unmittelbare Einwirkung auf die Sache/Ventile vor. – **h.M.** differenziert: Ist keine Luftpumpe (bzw. Tankstelle) in der Nähe, so handelt es sich um eine Sachbeschädigung (sonst um eine aus dem Tatbestand ausscheidende Bagatelle). **Zur Vertiefung:** *Joecks/Jäger*, § 303 Rn. 13 ff.; *Wessels/Hillenkamp/Schuhr*, Rn. 35	**9**
Kann auch im bestimmungsgemäßen Ge- oder Verbrauch ein Beschädigen oder Zerstören liegen (z.B. Papierverbrauch durch unverlangt zugesandte Werbetelefaxe)?	– **e.M.:** Ja, z.B. Verfeuern von Kaminholz, Abnutzung einer Heckenschere etc. **(dagg.)** Das Realisieren der in der Sache selbst angelegten Gebrauchsmöglichkeit ist schon nach dem Wortsinn kein „Beschädigen" oder „Zerstören". – **a.M.:** Nein, in diesem Falle sind nur §§ 242, 248b oder eben ein strafloser Gebrauchsdiebstahl – furtum usus – gegeben (dessen Straflosigkeit durch § 303 nicht umgangen werden darf). **Zur Vertiefung:** LPK/*Kindhäuser/Hilgendorf*, § 303 Rn. 27; *Rengier*, BT/1, § 24 Rn. 18 f.; *Wessels/Hillenkamp/ Schuhr*, Rn. 36	**10**

11	Handelt tatbestandsmäßig, wer mit Zustimmung des Eigentümers eine Uhr auseinanderbaut, um sie zu säubern, einen Kotflügel abschleift, um ihn neu zu lackieren etc.?	– **e.M.:** Ja, bei dem Merkmal „rechtswidrig" handelt es sich um kein Tatbestandsmerkmal, sondern den (an sich überflüssigen) Hinweis auf das allgemeine Verbrechensmerkmal (in Betracht kommt aber eine rechtfertigende Einwilligung). **(dagg.)** „Reparieren" ist schon nach dem sozialen Sinngehalt keine „Beschädigung" (so wie der ärztliche Heileingriff keine Körperverletzung ist). – **h.M.:** Nein, Reparaturen erfüllen schon den Tatbestand nicht, zumindest liegt ein „tatbestandsausschließendes Einverständnis" vor, d.h. nicht, dass alle denkbaren Rechtfertigungsgründe schon den Tatbestand entfallen ließen. **Zur Vertiefung:** LPK/*Kindhäuser/Hilgendorf*, § 303 Rn. 28; *Wessels/Hillenkamp/Schuhr*, Rn. 34
12	Ist die Sachbeschädigung „rechtswidrig", wenn der Täter einen fälligen Anspruch auf Übereignung der Sache hat?	– **e.M.:** Nein, wenn es i.S.d. Zueignungsdelikte (§§ 242, 246) nicht rechtswidrig ist, wenn der Täter die Sache aufgrund eines Anspruchs in Eigenbesitz nimmt, dann kann es auch nicht rechtswidrig sein, wenn er sie beschädigt oder zerstört (arg. a maiore ad minus). **(dagg.)** Weder liegt ein Einverständnis vor, noch greift eine rechtfertigende Einwilligung oder ein anderer Rechtfertigungsgrund ein. – **a.M.:** Ja, hier können nur §§ 153, 153a StPO helfen. **Zur Vertiefung:** *Kindhäuser/Böse*, BT/2, § 20 Rn. 14; LPK/*Kindhäuser/Hilgendorf*, § 303 Rn. 13
13	Werden auch „unerhebliche" Beeinträchtigungen (nunmehr) von § 303 I erfasst?	– **e.M.:** Ja, im Rückschluss aus der ausdrücklichen Erwähnung der Erheblichkeit in § 303 II (arg. e contrario). **(dagg.)** Dem Gesetzgeber ging es bei Schaffung des § 303 II lediglich um die (bei Ablehnung der Zustandsveränderungstheorie unmögliche) Bestrafung von Graffiti-

	Sprayern, nicht um eine Veränderung der Auslegung des § 303 I. – **h.M.:** Nein (z.B. Bekleckern von Kleidung, wenn einfaches Abputzen reicht, Luftablassen aus Fahrradreifen, s.o. Rn. 9). **Zur Vertiefung:** *Wessels/Hillenkamp/Schuhr*, Rn. 35, 39	
Ist „nicht nur vorübergehend" in § 303 II rein zeitlich zu verstehen?	– **e.M.:** Ja, grammatikalische Auslegung (Wortlaut). **(dagg.)** Es ging dem Gesetzgeber auch hier (wie bei der Unerheblichkeit) um das Geringfügigkeitsprinzip; was nur mit Spezialwerkzeug oder fachkundiger Hilfe sofort zu beseitigen ist, ist nicht deshalb geringfügig. – **h.M.:** Nein, erforderlich ist eine Gesamtschau der zur Rückgängigmachung erforderlichen Mühe, Zeit und Kosten. **Zur Vertiefung:** LPK/*Kindhäuser/Hilgendorf*, § 303 Rn. 17	**14**
Erfasst § 303 II nur unmittelbare Einwirkungen auf die Sache?	– **e.M.:** Nein, um z.B. Lichtprojektionen auf eine Hauswand etc. auszuscheiden, reicht die Erheblichkeit. **(dagg.)** Einheitlichkeit mit § 303 I. – **h.M.:** Ja. **Zur Vertiefung:** *Küper/Zopfs*, BT, Rn. 440; *Wessels/Hillenkamp/Schuhr*, Rn. 38	**15**
Ist „unbefugt" in § 303 II Tatbestandsmerkmal (mit der Folge, dass der Tatbestand z.B. entfällt, wenn ein Verbrechensopfer mit letzter Kraft den Namen des Täters an die Hauswand sprüht)?	– **e.M.:** Ja, nach der Gesetzesbegründung und dem Wortlaut. **(dagg.)** Schon beim „rechtswidrig" in § 303 I bestand Einigkeit, dass es nicht sämtliche Rechtfertigungsgründe überflüssig macht (s.o. Rn. 11). – **h.M.:** Nein (im Beispielsfall greift § 34 ein). **Zur Vertiefung:** LPK/*Kindhäuser/Hilgendorf*, § 303 Rn. 18; *Wessels/Hillenkamp/Schuhr*, Rn. 41; *Satzger*, Jura 2006, 428 (434)	**16**

17	Fallen auch Verbesserungen des äußeren Erscheinungsbildes unter § 303 II?	– **e.M.:** Nein, der Gesetzgeber wollte Verschlechterungen erfassen; nach der Überschrift muss es sich immer noch um eine „Sachbeschädigung“ handeln. **(dagg.)** Der Begriff „Veränderung“ ist neutral; die Sache muss nur anders aussehen, nicht schlechter. – **h.M.:** Ja (sofern sie nicht mit Einverständnis des Eigentümers vorgenommen wurden). **Zur Vertiefung:** *Wessels/Hillenkamp/Schuhr*, Rn. 34, 37
18	In welchem Konkurrenzverhältnis stehen § 303 I und § 303 II?	– **e.M.:** § 303 II entfaltet eine Sperrwirkung dahingehend, dass in seinem Einzugsbereich (z.B. Graffiti) bereits der Tatbestand des § 303 I entfällt. **(dagg.)** Der Gesetzgeber hat § 303 I unverändert gelassen. – **h.M.:** Liegt zugleich eine Beschädigung oder Zerstörung vor, so tritt § 303 II (als subsidiär) zurück. **Zur Vertiefung:** *Beulke*, KK III, Rn. 146; *Küper/Zopfs*, BT, Rn. 440; *Wessels/Hillenkamp/Schuhr*, Rn. 37

§ 303a Datenveränderung

1 **Aufbauschema**

I. Tatbestand

1. Objektiver Tatbestand
   a) Tatobjekt:
      Daten → *Rn. 2*
   b) Tathandlung:
      Löschen, Unterdrücken, Unbrauchbarmachen, Verändern → *Rn. 3 f.*
2. Subjektiver Tatbestand

II. Rechtswidrigkeit

III. Schuld

IV. Strafverfolgungsvoraussetzung

Strafantrag, § 303c

Beachte: *Qualifikation, § 303b*

Ist „fremd“ als ungeschriebenes Tatbestandsmerkmal in § 303a I hineinzulesen?	– **e.M.:** Nein, der Berechtigte selbst macht sich schon deshalb nicht strafbar, weil er nicht „rechtswidrig“ handelt (Wortlaut). **(dagg.)** Auch in §§ 211, 212 ist ein ungeschriebenes Tatbestandsmerkmal hineinzulesen, dass es sich nämlich um einen „anderen“ handeln muss. – **a.M.:** Ja, wobei „fremd“ nicht eigentumsmäßig zu verstehen ist, sondern die Daten sind, die dem Täter nicht „gehören“ (ähnlich wie bei § 274 I Nr. 1). **Zur Vertiefung:** LPK/*Kindhäuser/Hilgendorf*, § 303a Rn. 9; *Wessels/Hillenkamp/Schuhr*, Rn. 64	**2**
Ist die „Rechtswidrigkeit“ in § 303a I Tatbestandsmerkmal oder (an sich überflüssiger) Hinweis auf die Rechtswidrigkeitsebene?	– **e.M.:** Tatbestandsmerkmal, sonst würde auch der Berechtigte oder wer in seinem Auftrag handelt den Tatbestand erfüllen. **(dagg.)** Dass die Zustimmung des Berechtigten (als Einverständnis) den Tatbestand ausschließt, heißt nicht, dass sämtliche Rechtfertigungsgründe schon den Tatbestand entfallen ließen. – **a.M.:** Allgemeines Deliktsmerkmal (wie bei § 123). **Zur Vertiefung:** *Joecks/Jäger*, § 303a Rn. 2 f.; Lackner/Kühl/*Heger*, § 303a Rn. 4	**3**
Ist das unberechtigte Wiederaufladen einer abtelefonierten Telefonkarte strafbar nach § 303a I?	– **e.M.:** Ja, damit werden Daten (des Kartenausgebers) verändert. **(dagg.)** Die Verfügungsbefugnis über die Daten ist aber auf den Kartenerwerber übergegangen. – **a.M.:** Nein (anders beim unberechtigten Aufheben einer SIM-Lock-Sperre). **Zur Vertiefung:** *Hecker*, JA 2004, 762 (765); *Rengier*, BT/1, § 26 Rn. 10	**4**

§ 303b Computersabotage

1 **Aufbauschema**

I. Tatbestand

1. Objektiver Tatbestand
   a) Datenverarbeitung
   b) Wesentliche Bedeutung
   c) Erheblich stören
      aa) Nr. 1: durch Tat i.S.d. § 303a Abs. 1
      bb) Nr. 2: durch Eingeben oder Übermitteln von Daten → *Rn. 2*
      cc) Nr. 3: durch Zerstören, Beschädigen, Unbrauchbarmachen, Beseitigen, Verändern einer Datenverarbeitungsanlage oder eines Datenträgers
2. Subjektiver Tatbestand
   a) Vorsatz
   b) Bei Nr. 2 zusätzlich: Nachteilszufügungsabsicht

II. Rechtswidrigkeit

III. Schuld

IV. Strafverfolgungsvoraussetzung

Strafantrag, § 303c

Beachte: *Qualifikation, § 303b II (mit eigenen Strafzumessungsregelbeispielen für besonders schwere Fälle, § 303b IV)*

2	Fällt auch die manuelle Eingabe von Daten unter § 303b I Nr. 2?	– **e.M.:** Nein, wegen der Legaldefinition des § 202a II (elektronisch … gespeichert … oder übermittelt). **(dagg.)** Das entspricht nicht den europäischen Vorgaben (europarechtskonforme Auslegung). – **a.M.:** Ja, DOS-Attacken über das Internet werden allerdings ohnehin durch die Übermittlungsalternative erfasst (weil dabei Daten im Arbeitsspeicher des attackierten Systems abgelegt werden). **Zur Vertiefung:** *Wessels/Hillenkamp/Schuhr*, Rn. 70

§ 303c Strafantrag

Ist nur der Eigentümer antragsberechtigt?	– **e.M.:** Ja, sofern (wie bei § 303) auch nur das Eigentum geschützt ist. **(dagg.)** Das Eigentum ist aber gerade auch gegen Beeinträchtigung der Brauchbarkeit (z.B. der Mietsache) geschützt. – **h.M.:** Antragsberechtigt ist jeder, der ein dingliches oder persönliches Recht an der beschädigten Sache hat. **Zur Vertiefung:** LPK/*Kindhäuser/Hilgendorf*, § 303c Rn. 2; *Wessels/Hillenkamp/Schuhr*, Rn. 60, 64	1

§ 304 Gemeinschädliche Sachbeschädigung

Aufbauschema 1

I. Tatbestand

1. Objektiver Tatbestand
   a) Tatobjekt
      aa) Gegenstände der Verehrung einer im Staat bestehenden Religionsgemeinschaft
      bb) Dem Gottesdienst gewidmete Sache
      cc) Grabmäler, öffentliche Denkmäler, Naturdenkmäler
      dd) Gegenstände der Kunst, der Wissenschaft oder des Gewerbes, welche in öffentlichen Sammlungen aufbewahrt werden oder öffentlich ausgestellt sind
      ee) Gegenstände, die dem öffentlichen Nutzen dienen → *Rn. 2*
      ff) Gegenstände zur Verschönerung öffentlicher Wege, Plätze oder Anlagen
   b) Tathandlung
      aa) Abs. 1 Alt. 1: Beschädigen
      Alt. 2: Zerstören
      bb) Abs. 2: Verändern des Erscheinungsbildes → *Rn. 3*
      (1) Nicht nur unerheblich
      (2) Nicht nur vorübergehend
      (3) Unbefugt
2. Subjektiver Tatbestand

II. Rechtswidrigkeit

III. Schuld

2	Müssen Gegenstände, die dem öffentlichen Nutzen dienen, der Allgemeinheit unmittelbar zugute kommen?	– **e.M.:** Nein, Wortlaut. **(dagg.)** Dann wären vom Tatbestand unzählige Dinge erfasst, die mit den übrigen Tatobjekten des § 304 nicht vergleichbar sind. – **h.M.:** Ja, Unmittelbarkeit in diesem Sinne liegt vor, wenn jedermann aus dem Publikum, sei es auch erst nach Erfüllung bestimmter Bedingungen, aus dem Gegenstand selbst oder aus dessen Erzeugnissen etc. Nutzen ziehen kann (nur mittelbaren Nutzen von der Sache hat der Bürger etwa dann, wenn sie Amtsträgern nur die Erledigung ihrer Aufgaben ermöglicht, z.B. Streifenwagen der Polizei). **Zur Vertiefung:** *Beulke*, KK I, Rn. 147; *Wessels/Hillenkamp/Schuhr*, Rn. 53 f.
3	Setzt § 304 II voraus, dass durch die Veränderung des äußeren Erscheinungsbildes die öffentliche Zweckbestimmung der Sache beeinträchtigt wird?	– **e.M.:** Nein, Wortlaut. **(arg.)** Der Gesetzgeber wollte gerade auch Graffitis an Eisenbahnzügen, -brücken etc. erfassen, deren öffentliche Funktion dadurch gerade nicht beeinträchtigt wird. **(dagg.)** Qualifizierender Charakter gegenüber § 303 II; Systematik (wenn schon der eingriffsintensivere § 304 I dies voraussetzt, dann erst recht § 304 II). – **h.M.:** Ja (freilich ist die Neuregelung insoweit überflüssig, da im Falle der Beeinträchtigung der öffentlichen Zweckbestimmung schon immer § 304 I bejaht wurde). **Zur Vertiefung:** LPK/*Kindhäuser/Hilgendorf*, § 304 Rn. 4; *Wessels/Hillenkamp/Schuhr*, Rn. 58
4	In welchem Konkurrenzverhältnis stehen § 304 und § 303?	– **e.M.:** Gesetzeskonkurrenz, § 303 wird vom spezielleren § 304 verdrängt. **(dagg.)** § 303 und § 304 haben verschiedene Schutzgüter (§ 303 schützt nur fremde Sachen).

	– **h.M.:** Idealkonkurrenz (§ 52). **Zur Vertiefung:** *Fischer*, § 304 Rn. 17; LPK/*Kindhäuser/Hilgendorf*, § 304 Rn. 6; Schönke/Schröder/*Hecker*, § 304 Rn. 17

§ 305 Zerstörung von Bauwerken

Aufbauschema 1

I. Tatbestand

1. Objektiver Tatbestand

a) Tatobjekt

aa) Gebäude, Schiff, Brücke, Damm, gebaute Straße, Eisenbahn, anderes Bauwerk → *Rn. 2*

bb) Fremd

b) Tathandlung

aa) Ganz zerstören oder

bb) Teilweise zerstören

2. Subjektiver Tatbestand

II. Rechtswidrigkeit

III. Schuld

Sind auch bewegliche Anlagen Bauwerke i.S.d. § 305?	– **e.M.:** Nein, sonst bestünde die Schwierigkeit, bewegliche Sachen von beweglichen Bauwerken abzugrenzen. **(dagg.)** Einbeziehung der Schiffe. – **h.M.:** Ja (Abgrenzungskriterien sind gewisse Bedeutung und Größe). **Zur Vertiefung:** *Fischer*, § 305 Rn. 2; LK/*Wolff*, § 305 Rn. 3; SK/*Hoyer*, § 305 Rn. 2	2

§ 305a Zerstörung wichtiger Arbeitsmittel

Aufbauschema 1

I. Tatbestand

1. Objektiver Tatbestand

a) Tatobjekt

aa) Nr. 1: (1) Technisches Arbeitsmittel

(2) Bedeutender Wert

(3) Für die Errichtung einer Anlage oder eines Unternehmens usw. von wesentlicher Bedeutung

(4) Fremd

bb) Nr. 2: Kraftfahrzeug der Polizei oder Bundeswehr → *Rn. 2*

b) Tathandlung

aa) Ganz zerstören oder

bb) Teilweise zerstören

2. Subjektiver Tatbestand

II. Rechtswidrigkeit

III. Schuld

2	Fallen unter § 305a I Nr. 2 auch Polizeihubschrauber und -motorboote?	– **e.M.:** Nein, gemeint sind Landkraftfahrzeuge. **(dagg.)** § 248b IV (nur schienengebundene Fahrzeuge fallen aus). – **h.M.:** Ja, dasselbe gilt für Bundeswehrhubschrauber etc. **Zur Vertiefung:** *Wessels/Hillenkamp/Schuhr*, Rn. 49; Schönke/Schröder/*Stree*, § 304 Rn. 13
3	In welchem Konkurrenzverhältnis stehen § 305a und § 303?	– **e.M.:** Gesetzeseinheit, § 305a ist lex specialis. **(dagg.)** Bei § 305a I Nr. 2 müssen die Sachen nicht fremd sein (der Eigentümer zerstört ein Kfz, das er an die Polizei vermietet hat). – **a.M.:** Tateinheit (§ 52). **Zur Vertiefung:** *Wessels/Hillenkamp/Schuhr*, Rn. 49; NK/*Zaczyk*, § 305a Rn. 1, 17

§ 306 Brandstiftung

1 **Aufbauschema**

I. Tatbestand

1. Objektiver Tatbestand

a) Tatobjekt

aa) Objekt aus dem Katalog Abs. 1 Nr. 1–6 → *Rn. 3 ff.*

bb) Fremd → *Rn. 14*

b) Tathandlung

aa) Alt. 1: Inbrandsetzen

bb) Alt. 2: Durch Brandlegung ganz oder teilweise zerstören → *Rn. 2*

2. Subjektiver Tatbestand → *Rn. 11*

II. Rechtswidrigkeit → *Rn. 12 f.*

III. Schuld

IV. Persönlicher Strafaufhebungsgrund

Tätige Reue, § 306e I, III

Beachte: *Erfolgsqualifikationen, § 306b I, § 306c*
Fahrlässigkeitsdelikt, § 306d I Var. 1

Liegt § 306 I Nr. 1 vor, wenn das Gebäude zwar nicht durch Flammen (Inbrandsetzen) oder Ruß (Brandlegung), sondern durch Löschmittel, z.B. Wasser aus einer Sprinkleranlage, (teilweise) zerstört wird?	– **e.M.:** Nein, das geschieht nicht mehr „durch" die Brandlegung. **(dagg.)** Es handelt sich um objektiv zurechenbare Auswirkungen. – **a.M.:** Ja (zur Frage, ob der Täter die für die objektive Zurechnung relevanten Umstände – wenigstens eventualiter – in seinen Vorsatz aufgenommen haben muss. **Zur Vertiefung:** *Rengier*, BT/2, § 40 Rn. 26 f.	**2**
Reicht für § 306 I Nr. 1 das Anzünden nur eines Gebäudes oder einer Hütte aus?	– **e.M.:** Nein, Plural („Gebäude oder Hütten"). **(dagg.)** Dann genügte nicht einmal das Anzünden nur eines Waldes oder einer Heide (Nr. 5). – **h.M.:** Ja, selbstverständlich. **Zur Vertiefung:** *Kudlich*, BT/2, Nr. 206	**3**
Ist ein Rohbau (ohne Fenster und Türen) Gebäude i.S.d. § 306 I Nr. 1?	– **e.M.:** Nein, ein „Gebäude" muss den freien Zutritt Dritter verhindern (es darf z.B. auch keine Ruine sein). **(dagg.)** Anders als § 243 I Nr. 1 bezweckt § 306 nicht den Schutz der untergebrachten Sachen vor Zugriff. – **h.M.:** Ja. **Zur Vertiefung:** *Joecks/Jäger*, § 306 Rn. 5; *Wessels/Hettinger/Engländer*, Rn. 1045	**4**
Ist ein Buswartehäuschen eine Hütte?	– **e.M.:** Ja, Hütte ist jedes unbewegliche Bauwerk, das mangels Größe, Festigkeit oder Dauerhaftigkeit noch nicht als Gebäude gelten kann, also auch ein Bushäuschen.	**5**

		(dagg.) Ein Bushäuschen ist aber nicht abschließbar und mindestens nach einer Seite hin offen. – **h.M.:** Nein. **Zur Vertiefung:** *Joecks/Jäger*, § 306 Rn. 6 f.; SK/*Wolters*, § 306 Rn. 3
6	Ist es nach § 306 I Nr. 3 strafbar, jemandem die Einkaufstüte mit den Einkäufen anzuzünden?	– **e.M.:** Ja, Wortlaut („Warenlager oder -vorräte"). **(dagg.)** Der Tatbestand bedarf (im Hinblick auf die in der Abschnittsüberschrift verlangte Gemeingefährlichkeit) der restriktiven Auslegung/teleologischen Reduktion. – **a.M.:** Nein, Vorräte zur (privaten oder betrieblichen) Eigenverwendung fallen nicht darunter (sondern müssen zum Umsatz bestimmt sein). **Zur Vertiefung:** *Fischer*, § 306 Rn. 6 ff.
7	Fallen auch aufblasbare Gummiboote und Paddelboote unter § 306 I Nr. 4 (Wasserfahrzeuge)?	– **e.M.:** Ja, sofern sie einsatzbereit sind oder schnell einsatzbereit gemacht werden können; der Gesetzgeber hat das Wort „Schiff" durch „Wasserfahrzeug" ersetzt. **(dagg.)** Der Gegenstand muss mit Rücksicht auf die hohe Strafandrohung (Verbrechen) mit Gebäuden etc. wenigstens vergleichbar sein. – **a.M.:** Nein (und sie sind auch nicht „Schiff" i.S.d. §§ 305, 306a). **Zur Vertiefung:** *Rengier*, BT/2, § 40 Rn. 9 f.; LK/*Valerius*, § 306 Rn. 34
8	Macht sich nach § 306 I Nr. 5 strafbar, wer bei einem Lagerfeuer ein paar Quadratmeter Heide verbrennt?	– **e.M.:** Ja, vom Wortlaut her schon (möglicherweise liegt aber ein minder schwerer Fall i.S.d. § 306 II vor). **(dagg.)** Strafandrohung; Verbrechenscharakter (s.o. Rn. 7). – **a.M.:** Nein, teleologischen Reduktion. **Zur Vertiefung:** *Joecks/Jäger*, § 306 Rn. 24

Fällt das übermäßige Toasten einer fremden Brotscheibe unter § 306 I Nr. 6?	– **e.M.:** Ja, Brot ist ein „land-“ bzw. „ernährungswirtschaftliches Erzeugnis“. **(dagg.)** Der Tatbestand bedarf der restriktiven Auslegung, die Erheblichkeitsschwelle muss überschritten sein (sog. Bagatellgrenze). – **a.M.:** Nein, Erzeugnisse sind nur Sachen, deren unmittelbarer Produktionsprozess beendet ist, die aber noch nicht weiterverarbeitet sind. **Zur Vertiefung:** LPK/*Kindhäuser/Hilgendorf*, § 306 Rn. 3	**9**
Macht sich nach § 306 I Nr. 6 strafbar, wer aus Spaß drei Kartoffeln ins Kartoffelfeuer wirft?	– **e.M.:** Ja. Da das Gesetz früher „Vorräte von landwirtschaftlichen Erzeugnissen“ verlangte (vgl. Nr. 3), muss es sich um keine größere Menge mehr handeln. **(dagg.)** Strafandrohung; Verbrechenscharakter (s.o. Rn. 7) – **a.M.:** Nein, es darf sich nicht um eine unbedeutende Menge handeln (Bagatellprinzip). **Zur Vertiefung:** *Kudlich*, BT/2, Nr. 203; LPK/*Kindhäuser/Hilgendorf*, § 306 Rn. 3	**10**
Hat Brandstiftungsvorsatz, wer einen Brand legt, um sich durch Alarmieren der Feuerwehr oder bei den Löscharbeiten hervorzutun?	– **e.M.:** Nein, er will letztlich nicht den Brand, sondern dass dieser gelöscht wird. **(dagg.)** Wer löschen will, will, dass es brennt. – **h.M.:** Ja. **Zur Vertiefung:** LK/*Valerius*, § 306 Rn. 69	**11**
Gibt es bei § 306 (bzw. § 306f I oder § 308) eine rechtfertigende Einwilligung?	– **e.M.:** Nein, das Rechtsgut des § 306 steht nicht zur Disposition des Eigentümers (Überschrift: „Gemeingefährliche Straftaten“). **(dagg.)** § 306 schützt – anders als § 306a – nur fremde Sachen, ist also in erster Linie ein Eigentumsdelikt. – **a.M.:** Ja, der Eigentümer kann einwilligen (wenn es sich nicht sogar um ein	**12**

		tatbestandsausschließendes Einverständnis handelt). **Zur Vertiefung:** *Fischer*, § 306 Rn. 20 f.; *Joecks/ Jäger*, § 306 Rn. 37 f.
13	Wirkt auch eine sittenwidrige Einwilligung rechtfertigend (wenn der Eigentümer z.B. zur Vorbereitung eines Versicherungsbetruges gem. § 263 III Nr. 5 die Einwilligung zur Brandlegung erteilt)?	– **e.M.:** Nein, § 228 enthält ein allgemeines Prinzip (s. § 228 Rn. 2). **(dagg.)** Ausnahmeregelungen sind nicht verallgemeinerungsfähig (singularia non sunt extendenda). – **a.M.:** Ja (zur Frage, ob § 263 III Nr. 5 als zu ermöglichende Tat i.S.d. § 306b II Nr. 2 in Betracht kommt, s.u. § 306b Rn. 5). **Zur Vertiefung:** *Schmidt*, BT/1, Rn. 502
14	Kann sich der Eigentümer, der einen anderen zur Brandlegung etc. anstiftet, nach §§ 306, 26 strafbar machen?	– **e.M.:** Ja, wenn eine rechtfertigende Einwilligung nicht möglich ist, dann liegt eine teilnahmefähige Haupttat vor. **(dagg.)** Wenn der Eigentümer als Täter des § 306 ausscheidet, dann auch als Anstifter (s. § 26: „gleich einem Täter"). – **h.M.:** Nein, da die Sache für den Eigentümer schon nicht „fremd" ist. **Zur Vertiefung:** *Wessels/Beulke/Satzger*, Rn. 869

§ 306a Schwere Brandstiftung

1 **Aufbauschema: § 306a I**

I. Tatbestand

1. Objektiver Tatbestand
   a) Tatobjekt i.S. der Nr. 1–3 → *Rn. 3 ff.*
   b) Tathandlung
      aa) Alt. 1: Inbrandsetzen oder
      bb) Alt. 2: Durch Brandlegung ganz oder teilweise zerstören
2. Subjektiver Tatbestand

II. Rechtswidrigkeit

III. Schuld

IV. Persönlicher Strafaufhebungsgrund

Tätige Reue, § 306e I, III

Beachte: *Qualifikationen, § 306b II; Erfolgsqualifikationen, § 306b I, § 306c; Fahrlässigkeitsdelikt, § 306d I Var. 2*

Aufbauschema: § 306a II 2

I. Tatbestand

1. Objektiver Tatbestand

a) Tatobjekt

Objekt aus dem Katalog des § 306 I Nr. 1–6 → *Rn. 11*

b) Tathandlung

aa) Alt. 1: Inbrandsetzen oder

bb) Alt. 2: Durch Brandlegung ganz oder teilweise zerstören

c) und dadurch → *Rn. 13*

d) (Konkrete) Gefahr einer Gesundheitsschädigung → *Rn. 14 f.*

2. Subjektiver Tatbestand

Vorsatz bzgl. a)–d), inkl. Gefährdung → *Rn. 12*

II. Rechtswidrigkeit → *Rn. 16*

III. Schuld

IV. Persönlicher Strafaufhebungsgrund

Tätige Reue, § 306e I, III

Beachte: *Qualifikation, § 306b II; Erfolgsqualifikationen, § 306b I, § 306c Fahrlässigkeitsdelikt, § 306d II*

Fallen auch gemischt genutzte Gebäude (Geschäftshaus mit Dachgeschosswohnung) unter § 306a I Nr. 1?	– **e.M.:** Nein, nur wenn die Wohnung tatsächlich vom Feuer ergriffen wird (vorher kann allerdings Versuch gegeben sein, im Übrigen ist § 306a I Nr. 3 zu prüfen). **(dagg.)** Es handelt sich um ein abstraktes Gefährdungsdelikt; andernfalls müsste § 306a I Nr. 1 Var. 1 auch dann verneint werden, wenn das Feuer im Keller oder Treppenhaus eines Mietshauses gelegt wurde, ohne auf eine Wohnung überzugreifen. – **h.M.:** Ja, § 306a I Nr. 1 ist daher auch dann erfüllt, wenn die Tat zu einer Zeit erfolgt, zu der sich Menschen in dem geschäftlich genutzten Teil nicht aufzuhalten pflegen, z.B. sonntags oder nachts. **Zur Vertiefung:** *Joecks/Jäger*, § 306a Rn. 14 f.	3
Ist ein Ferienhaus eine Räumlichkeit, die der Wohnung von Menschen dient?	– **e.M.:** Nein, nur zu der Zeit, in der es bewohnt ist. **(dagg.)** Auch bei normalen Wohnungen kommt es nicht darauf an, ob jemand zu Hause ist.	4

		– **h.M.:** Ja (bei Neubauten oder Rohbauten kommt es auf den Zeitpunkt der Widmung an, erst danach fallen sie darunter). **Zur Vertiefung:** *Joecks/Jäger*, § 306a Rn. 9, 17 ff.
5	Ist die Schlafkoje eines LKW eine Räumlichkeit, die der Wohnung von Menschen dient?	– **e.M.:** Ja, wie ein Hausboot, Wohnwagen, Wohnmobil etc. **(dagg.)** Ein LKW ist eher mit einem PKW vergleichbar, der auch dann nicht darunter fällt, wenn er zum Schlafen genutzt wird. – **h.M.:** Nein (allenfalls ist Nr. 3 einschlägig). **Zur Vertiefung:** *Joecks/Jäger*, § 306a Rn. 12; SK/*Wolters*, § 306a Rn. 12
6	Kann eine Wohnung auch durch Inbrandsetzen entwidmet werden?	– **e.M.:** Nein, es handelt sich um ein abstraktes Gefährdungsdelikt. **(dagg.)** So wie sie zu Wohnzwecken gewidmet wird (s.o. Rn. 4), so kann es auch entwidmet werden (z.B. ein Abrisshaus, auch wenn der Eigentümer es mit den Mitteln aus der Feuerversicherung wieder aufbauen will). – **h.M.:** Ja, selbst der Mörder kann das (kein § 306b II Nr. 2, wenn der Mörder alle Hausbewohner zuvor ermordet hat). **Zur Vertiefung:** *Beulke*, KK III, Rn. 613; MüKo/*Radtke*, § 306a Rn. 16, 18
7	Ist eine Mehrzweckhalle, die neben Sportveranstaltungen auch zu Gottesdiensten genutzt wird, ein „anderes der Religionsausübung dienendes Gebäude" i.S.d. § 306a I Nr. 2?	– **e.M.:** Ja, der Wortlaut ist weit genug. **(dagg.)** Es handelt sich dabei aber um keinen „heiligen Ort", der besonderen Schutz verdient. – **h.M.:** Nein, eine Mehrzweckhalle dient von ihrer Widmung her keiner (bzw. nicht primär einer) spezifisch religionsbezogenen Tätigkeit. **Zur Vertiefung:** *Kudlich*, BT/2, Nr. 208

Ist die Klausel „Zeit, in der Menschen sich dort aufzuhalten pflegen" aus § 306a I Nr. 3 auf Nr. 2 (Kirchen etc.) übertragbar?	– **e.M.:** Ja, der Tatbestand bedarf im Hinblick auf den Schutzzweck (Gemeingefahr) und die hohe Strafandrohung der teleologischen Reduktion. **(dagg.)** Der Wortlaut ist klar (in claris non fit interpretatio). – **h.M.:** Nein. **Zur Vertiefung:** *Joecks/Jäger*, § 306a Rn. 10, 17 ff.; LPK/*Kindhäuser/Hilgendorf*, § 306a Rn. 5; *Rengier*, BT/2, § 40 Rn. 34	**8**
Kommt es für die „Zeit, in der Menschen sich dort aufzuhalten pflegen", auf die Tathandlung (Legen einer Brandbombe mit Zeitzünder) oder den Taterfolg an?	– **e.M.:** Auf den Zeitpunkt der Tathandlung (§ 8). **(dagg.)** Der ratio legis nach (Gefährdung von Menschenleben) muss es auf den Zeitpunkt ankommen, in dem der Brand ausbricht. – **h.M.:** Auf den Zeitpunkt des Taterfolges. **Zur Vertiefung:** *Kudlich*, BT/2, Nr. 209	**9**
Steht es § 306a I Nr. 1 oder Nr. 3 entgegen, wenn sich der Täter vor der Tat vergewissert, dass sich niemand in der geschützten Räumlichkeit (Gebäude, Hütte, Schiff etc.) aufhält?	– **e.M.:** Nein, es handelt sich um ein abstraktes Gefährdungsdelikt, auf eine konkrete Gefahr kommt es nicht an. **(dagg.)** Wenn sich mit Sicherheit kein Mensch dort befindet, liegt nicht einmal eine abstrakte Gefahr vor (teleologische Reduktion). – **h.M.:** Nein, wenn der Täter das durch absolut zuverlässige, lückenlose Maßnahmen sichergestellt hat (was regelmäßig aber nur bei sehr kleinen Gebäuden usw. in Betracht kommt). **Zur Vertiefung:** *Hillenkamp/Cornelius*, Probleme BT, 16. Problem	**10**
Muss es sich bei § 306a II um fremde Gegenstände handeln?	– **e.M.:** Ja, § 306a II ist ein qualifizierter Fall des § 306 I („eine in § 306 I Nr. 1 bis 6 bezeichnete Sache"). **(dagg.)** Da steht aber nicht „in § 306 I bezeichnete Sache", auf den Einleitungssatz	**11**

		„Wer fremde …“ bezieht sich die Verweisung daher nicht („fremd“ steht vor der Aufzählung Nr. 1–6). – **a.M.:** Es muss sich sogar um eigene oder herrenlose Sachen handeln, da sonst aus der mit Strafmaß von 1–10 Jahren bedrohten vorsätzlichen Brandstiftung (§ 306 I) bei zusätzlicher fahrlässiger Gefährdung von Menschenleben ein Vergehen (§ 306d I Var. 3) würde. **(dagg.)** Das ist dem Wortlaut auch wieder nicht zu entnehmen (Wertungswidersprüche bleiben in jedem Fall). – **h.M.:** Nein, § 306a ist demzufolge ein eigenes (Gefährdungs-)Delikt, für das die Eigentumsverhältnisse keine Rolle spielen. **Zur Vertiefung:** *Joecks/Jäger*, § 306a Rn. 26; *Schmidt*, BT/1, Rn. 526
12	Muss sich der Vorsatz bei § 306a II auch auf die Gefahr beziehen?	– **e.M.:** Nein, insoweit genügt Fahrlässigkeit (§ 18). **(dagg.)** Wortlaut des § 306d I („in den Fällen des § 306a II die Gefahr fahrlässig verursacht“). – **h.M.:** Ja (es handelt sich nicht um eine Erfolgsqualifikation, sondern um ein konkretes Gefährdungsdelikt). **Zur Vertiefung:** SSW/*Wolters*, § 306a Rn. 30
13	Setzt das „dadurch“ in § 306a II einen (spezifischen) „Unmittelbarkeitszusammenhang“ voraus?	– **e.M.:** Ja, der Gefahrerfolg muss aus der spezifischen Gefährlichkeit der Tathandlung resultieren. **(dagg.)** Es handelt sich gerade nicht um eine Erfolgsqualifikation (s.o. Rn. 12). – **a.M.:** Nein, Kausalität reicht. **Zur Vertiefung:** *Fischer*, § 306a Rn. 11; *Schmidt*, BT/1, Rn. 527

Kann ein anderer Mensch i.S.d. § 306a II auch ein (berufsmäßiger) Retter (Feuerwehrmann, Polizist etc.) sein?	– **e.M.:** Nein, die Gefahr resultiert dann nicht aus der spezifischen Gefährlichkeit der Tathandlung, sondern aus einer Selbstgefährdung; im Übrigen ist § 306a II (im Anschluss an § 307 Nr. 1 a.F.) auf solche Menschen zu beschränken, die sich „zur Zeit der Tat“ schon in der geschützten Räumlichkeit befanden (restriktive Auslegung). **(dagg.)** § 307 Nr. 1 a.F. existiert nicht mehr und ein spezifischer Unmittelbarkeitszusammenhang (s.o. Rn. 13) ist ebenfalls nicht erforderlich, lediglich Kausalität und objektive Zurechnung (nach allgemeinen Regeln). – **h.M.:** Ja (jedoch entfällt § 306a II, wenn es sich um einen völlig sinnlosen oder unverhältnismäßigen Rettungsversuch handelte, s. Vor § 1 Rn. 14). **Zur Vertiefung:** *Eisele*, BT/1, Rn. 1078 f.; *Rengier*, BT/2, § 40 Rn. 67 ff.	**14**
Ist ein anderer Mensch i.S.d. § 306a II (bzw. § 306b) auch der Mittäter, Anstifter usw.?	– **e.M.:** Ja, der Wortlaut schließt niemanden aus (s. § 251 Rn. 4). **(dagg.)** Damit würden Täter und Opfer verwechselt (Konfusionsargument); der Anstifter wird „gleich einem Täter“ bestraft (§ 26). – **h.M.:** Nein, im Übrigen würde es sich für sie nach allgemeinen Regeln zumindest um eine „eigenverantwortete Selbstgefährdung“ handeln. **Zur Vertiefung:** MüKo/*Radtke*, § 306a Rn. 54; *Rengier*, BT/2, § 40 Rn. 59 f.; *Schmidt*, BT/1, Rn. 527	**15**
Ist bei § 306a II (bzw. § 306f II) eine Einwilligung der gefährdeten Person möglich?	– **e.M.:** Nein, gemeingefährliche Delikte (Überschrift 28. Abschnitt) sind nicht einwilligungsfähig. **(dagg.)** Hier geht es aber nicht um eine Gemeingefahr, sondern um ein konkrete Gefahr.	**16**

	– **h.M.:** Ja, der konkret Gefährdete muss einwilligen können. **Zur Vertiefung:** Lackner/Kühl/*Heger*, § 306a Rn. 7; LPK/*Kindhäuser/Hilgendorf*, § 306a Rn. 5 (bzw. § 306f Rn. 3)
17 Ist § 306a I Nr. 1 lex specialis zu § 306 I Nr. 1?	– **e.M.:** Nein, wegen der verschiedenen Schutzrichtungen (Eigentum bzw. Gemeingefährlichkeit) besteht Tateinheit (§ 52). **(dagg.)** Das Element der Gemeingefahr wohnt auch dem § 306 inne. – **h.M.:** Ja, § 306 I Nr. 1 tritt im Wege der Gesetzeseinheit hinter § 306a I Nr. 1 zurück. **Zur Vertiefung:** *Rengier*, BT/2, § 40 Rn. 53; Schönke/Schröder/*Heine/Bosch*, § 306 Rn. 24

§ 306b Besonders schwere Brandstiftung

1 **Aufbauschema: § 306b I**

Beachte: *Vor § 306b I sollte § 306 bzw. § 306a geprüft werden. Dann kann im Tatbestand 1. entweder ganz weggelassen oder insoweit in aller Kürze auf die vorangegangene Prüfung verwiesen werden.*

I. Tatbestand

1. Erfüllung des Grundtatbestandes, § 306 oder § 306a
2. Eintritt der schweren Folge
   a) Schwere Gesundheitsschädigung
   b) Gesundheitsschädigung einer großen Zahl von Menschen
3. Kausalität zwischen Grunddelikt und schwerer Folge
4. Vorsatz oder Fahrlässigkeit bzgl. der Folge, letzterenfalls generelle/objektive Sorgfaltspflichtverletzung bei objektiver Vorhersehbarkeit der schweren Folge
5. (Sonstige) Objektive Zurechnung
6. Zumindest bei Fahrlässigkeit zusätzlich: Unmittelbarkeitszusammenhang

II. Rechtswidrigkeit

(Prüfungspunkt entfällt, wenn keine Abweichung zum Grunddelikt)

III. Schuld

1. Allgemeine Schuldmerkmale
2. Bei Fahrlässigkeit bzgl. der Folge: Individuelle/subjektive Sorgfaltspflichtverletzung bei subjektiver Vorhersehbarkeit der schweren Folge

IV. Persönlicher Strafaufhebungsgrund

Tätige Reue, § 306e I, III

Beachte: *Weitere Erfolgsqualifikation, § 306c*

Aufbauschema: § 306b II 2

Beachte: *Vor § 306b II sollte § 306a geprüft werden. Dann können im Tatbestand 1a) und 2a) entweder ganz weggelassen oder insoweit in aller Kürze auf die vorangegangene Prüfung verwiesen werden.*

I. Tatbestand

1. Objektiver Tatbestand
   - a) Erfüllung des Grundtatbestandes, § 306a
   - b) Objektive Qualifikationsmerkmale, § 306b II Nr. 1 oder 3
     - aa) Nr. 1: (Konkrete) Gefahr des Todes
     - bb) Nr. 3: Löschung des Brandes verhindert oder erschwert → *Rn. 6 f.*
2. Subjektiver Tatbestand
   - a) Vorsatz
     - aa) bzgl. § 306a
     - bb) bzgl. § 306b II Nr. 1 oder 3
   - b) Subjektives Qualifikationsmerkmal, § 306b II Nr. 2
     - aa) Ermöglichungsabsicht → *Rn. 5*
     - bb) Verdeckungsabsicht

II. Rechtswidrigkeit

(Prüfungspunkt entfällt, wenn keine Abweichung zum Grunddelikt)

III. Schuld

(Prüfungspunkt entfällt, wenn keine Abweichung zum Grunddelikt)

IV. Persönlicher Strafaufhebungsgrund

Tätige Reue, § 306e I, III

Beachte: *Erfolgsqualifikation, § 306c*

Ist bei § 306b I (bzw. § 306c) Versuch dergestalt möglich, dass das Grunddelikt nur versucht, die Folge dabei aber bereits fahrlässig verursacht wurde (sog. erfolgsqualifizierter Versuch)?	– **e.M.:** Nein, die schwere Folge knüpft an den Erfolg des Grunddelikts an. **(arg.)** Das Gefahrpotenzial des Grunddelikts liegt nicht in der Handlung, sondern in dem Branderfolg. **(dagg.)** Im Unterschied zur früheren Gesetzeslage spricht das Gesetz (in § 306 und § 306a) extra von „Brand“ oder „Brandlegung“, um klarzustellen, dass auch die Tathandlung ausreichen soll.	3

		– **h.M.:** Ja, die schwere Folge knüpft an die Grundhandlung an. **Zur Vertiefung:** *Beulke*, KK III, Rn. 631
4	Ist bzgl. der Gefährdung in § 306b II Nr. 1 Vorsatz erforderlich?	– **e.M.:** Nein, es handelt sich um eine Erfolgsqualifikation (wie bei § 306 I), bei der Fahrlässigkeit reicht, § 18. **(dagg.)** „Gefahr" ist nicht „Erfolg". – **h.M.:** Ja, es handelt sich um ein (konkretes) Gefährdungsdelikt. **Zur Vertiefung:** *Joecks/Jäger*, § 306b Rn. 7; *Rengier*, BT/2, § 40 Rn. 77
5	Kann die zu ermöglichende Tat i.S.d. § 306b II Nr. 2 auch ein Versicherungsbetrug gem. § 263 III Nr. 5 sein?	– **e.M.:** Nein, dann würde der Täter für dasselbe (§ 263 III Nr. 5: „in Brand gesetzt") quasi doppelt bestraft. **(arg.)** Der ratio legis nach geht es bei der Ermöglichungsabsicht um das Ausnutzen der durch den Brand entstandenen Gemeingefahr zur Begehung von Straftaten (darum scheiden auch § 265 und alle anderen gleichzeitig mitverwirklichten Delikte, z.B. § 303, aus). **(dagg.)** Das ist kaum aufrechtzuerhalten, nachdem der Gesetzgeber das Erfordernis des „Ausnutzens" zu einer Straftat (§ 307 a.F.) gerade gestrichen hat. – **a.M.:** Ja, der Wortlaut lässt das zu. **Zur Vertiefung:** *Hillenkamp/Cornelius*, Probleme BT, 17. Problem; *Joecks/Jäger*, § 306b Rn. 9 ff.; *Kudlich*, BT/2, Nr. 213
6	Setzt § 306b II Nr. 3 voraus, dass wer das Löschen des Brandes verhindert oder erschwert, auch die Brandstiftung nach § 306a begangen hat?	– **e.M.:** Nein, nach dem Wortlaut nicht. **(dagg.)** Schon nach der alten Gesetzeslage war klar, dass die Vorschrift angesichts der Strafandrohung eng auszulegen ist. – **h.M.:** Ja (ein Teilnehmer oder Dritter, der sich darauf beschränkt, die Löschung zu verhindern, kann sich daher nur nach § 306a strafbar machen). **Zur Vertiefung:** *Joecks/Jäger*, § 306b Rn. 12

Kann das Löschen des Brandes auch durch bloßes Gaffen verhindert oder erschwert werden?	– **e.M.:** Nein, bloße Lästigkeit reicht nicht aus. **(dagg.)** Nach allgemeinen Grundsätzen reicht auch ein Unterlassen. – **a.M.:** Ja, sofern eine Garantenstellung besteht (z.B. aus Ingerenz). **Zur Vertiefung:** *Joecks/Jäger*, § 306b Rn. 14; Lackner/Kühl/*Heger*, § 306b Rn. 5	7
Liegt ein versuchter § 306b II Nr. 3 vor, wenn der Täter vor der Brandlegung dabei erwischt wird, wie er den Feuerlöscher entfernt?	– **e.M.:** Ja, „Erschweren des Löschens" setzt keine Handlung nach Entstehen des Brandes voraus; der Versuch ist bei des § 306b II strafbar (§§ 12 I, 23 I). **(dagg.)** Als Qualifikation knüpft § 306b II aber an den Grundtatbestand an, der weder vollendet noch versucht ist, da das Entfernen des Löschmittels noch kein unmittelbares Ansetzen (§ 22) zur Brandstiftung i.S.d. § 306a ist. – **a.M.:** Nein, es handelt sich um ein straflose Vorbereitungshandlung. **Zur Vertiefung:** *Kudlich*, BT/2, Nr. 214	8

§ 306c Brandstiftung mit Todesfolge

Aufbauschema 1

Beachte: *Vor § 306c sollten § 222 sowie die §§ 306 ff. geprüft werden. Dann kann im Tatbestand 1. entweder ganz weggelassen oder insoweit in aller Kürze auf die vorangegangene Prüfung verwiesen werden.*

I. Tatbestand

1. Erfüllung des Grundtatbestandes, § 306, § 306a oder § 306b
2. Eintritt der Todesfolge → *Rn. 2 f.*
3. Kausalität zwischen Grunddelikt und Todesfolge
4. Vorsatz oder Fahrlässigkeit bzgl. der Folge, letzterenfalls
   a) Generelle/objektive Sorgfaltspflichtverletzung bei objektiver Vorhersehbarkeit der Todesfolge
   b) Leichtfertigkeit
5. (Sonstige) Objektive Zurechnung
6. Zumindest bei Fahrlässigkeit zusätzlich: Unmittelbarkeitszusammenhang → *Rn. 4*

II. Rechtswidrigkeit

(Prüfungspunkt entfällt, wenn keine Abweichung zum Grunddelikt)

III. Schuld

1. Allgemeine Schuldmerkmale
2. Bei Leichtfertigkeit: Individuelle/subjektive grobe Sorgfaltspflichtverletzung bei subjektiver Vorhersehbarkeit der Todesfolge

2	Können der Getötete bei § 306c und der Gefährdete nach § 306b II Nr. 1 verschiedene Personen sein?	– **e.M.:** Nein, im Tod des einen hat sich nicht die typische Gefahr der konkreten Gefährdung des anderen verwirklicht. **(dagg.)** Der Wortlaut enthält keine solche Einschränkung – **a.M.:** Ja (im Übrigen lässt § 306c jedes Grunddelikt nach §§ 306 ff. genügen). **Zur Vertiefung:** *Kudlich*, BT/2, Nr. 215
3	Unterfallen auch nach der Inbrandsetzung hinzukommende Personen (Retter, Schaulustige usw.) dem Schutzbereich des § 306c?	– **e.M.:** Nein, wie bei § 307 a.F. **(dagg.)** Der jetzige Wortlaut rechtfertigt diese Restriktion nicht mehr. – **a.M.:** Ja, sofern (neben der Leichtfertigkeit) ein spezifischer Unmittelbarkeitszusammenhang besteht (fraglich, wenn Gaffer von herabfallenden Trümmern erschlagen werden). **Zur Vertiefung:** *Joecks/Jäger*, § 306c Rn. 5 ff.; LPK/*Kindhäuser/Hilgendorf*, § 306c Rn. 2
4	Liegt der spezifische Unmittelbarkeitszusammenhang für § 306c vor, wenn das Opfer durch Einatmen von Benzindämpfen oder durch Ausrutschen auf dem Brandmittel verstirbt, ohne dass es entzündet wurde?	– **e.M.:** Ja, die schwere Folge knüpft an die Grundhandlung an (s.o. § 306b Rn. 3). **(dagg.)** Dass ein erfolgsqualifizierter Versuch (Grunddelikt nur versucht, Folge eingetreten) möglich ist, lässt das Erfordernis der Unmittelbarkeit unberührt. – **a.M.:** Nein (anders evtl., wenn das tödliche Ausrutschen auf die verständliche Flucht zurückgeht). **Zur Vertiefung:** *Kudlich*, BT/2, Nr. 216

§ 306d Fahrlässige Brandstiftung

Aufbauschema: § 306d I Var. 1 (zu § 306 I) 1

I. Tatbestand
1. Tatobjekt
   a) Objekt aus dem Katalog des § 306 I Nr. 1–6
   b) Fremd
2. Tathandlung/Erfolg
   a) Inbrandsetzen oder
   b) Durch Brandlegung ganz oder teilweise zerstören
3. Kausalität
4. Generelle/objektive Sorgfaltspflichtverletzung
   a) (Generelle) Vorhersehbarkeit
   b) (Generelle) Vermeidbarkeit
5. (Sonstige) Objektive Zurechnung des Erfolgseintritts

II. Rechtswidrigkeit

III. Schuld
1. Allgemeine Schuldmerkmale
2. Individuelle/subjektive Sorgfaltspflichtverletzung
   a) (Individuelle) Vorhersehbarkeit
   b) (Individuelle) Vermeidbarkeit

IV. Persönlicher Strafaufhebungsgrund
Tätige Reue, § 306e II, III

Aufbauschema: § 306d I Var. 2 (zu § 306a I) 2

I. Tatbestand
1. Tatobjekt
   a) Fremdes Objekt aus dem Katalog des § 306 I Nr. 1–6
   b) Objekt i.S.d. § 306a I Nr. 1–3
2. Tathandlung/Erfolg
   a) Inbrandsetzen oder
   b) Durch Brandlegung ganz oder teilweise zerstören
3. Kausalität
4. Generelle/objektive Sorgfaltspflichtverletzung
   a) (Generelle) Vorhersehbarkeit
   b) (Generelle) Vermeidbarkeit
5. (Sonstige) Objektive Zurechnung des Erfolgseintritts

II. Rechtswidrigkeit

III. Schuld

1. Allgemeine Schuldmerkmale
2. Individuelle/subjektive Sorgfaltspflichtverletzung
   a) (Individuelle) Vorhersehbarkeit
   b) (Individuelle) Vermeidbarkeit

IV. Persönlicher Strafaufhebungsgrund

Tätige Reue, § 306e II, III

3 **Aufbauschema: § 306d I Var. 3 (zu § 306a II)**

I. Tatbestand

1. Objektiver Tatbestand
   a) Objekt aus dem Katalog des § 306 I Nr. 1–6
   b) Tathandlung
      aa) Inbrandsetzen oder
      bb) Durch Brandlegung ganz oder teilweise zerstören
   c) und dadurch
   d) Gefahr der Gesundheitsschädigung i.S. von § 306a II
2. Subjektiver Tatbestand
   a) Vorsatz bzgl. a)–c)
   b) Fahrlässigkeit bzgl. der Gefahr

II. Rechtswidrigkeit

III. Schuld

Inkl. individueller/subjektiver Sorgfaltspflichtverletzung

IV. Persönlicher Strafaufhebungsgrund

Tätige Reue, § 306e II, III

4 **Aufbauschema: § 306d II (i.V.m. § 306a II)**

I. Tatbestand

1. Tatobjekt
   Objekt aus dem Katalog des § 306 I Nr. 1–6
2. Tathandlung
   a) Alt. 1: Inbrandsetzen oder
   b) Alt. 2: durch Brandlegung ganz oder teilweise zerstören
3. dadurch
4. (Konkrete) Gefahr einer Gesundheitsschädigung
5. Generelle/objektive Sorgfaltspflichtverletzung
   a) (Generelle) Vorhersehbarkeit
   b) (Generelle) Vermeidbarkeit
6. (Sonstige) Objektive Zurechnung des Erfolgseintritts

II. Rechtswidrigkeit

III. Schuld

1. Allgemeine Schuldmerkmale
2. Individuelle/subjektive Sorgfaltspflichtverletzung
   a) (Individuelle) Vorhersehbarkeit
   b) (Individuelle) Vermeidbarkeit

IV. Persönlicher Strafaufhebungsgrund

Tätige Reue, § 306e II, III

In welchem Konkurrenzverhältnis stehen § 306 I (vorsätzliche Brandstiftung) und § 306d I i.V.m. § 306a II (Vorsatz-Fahrlässigkeits-Kombination)?	– **e.M.:** § 306d I geht vor, da zu der vorsätzlichen Begehung auch noch eine fahrlässige Gefährdung hinzutritt. **(dagg.)** Dann würde der Täter wegen des Hinzutretens der Gefährdung (§ 306d: bis zu 5 Jahre) milder bestraft als ohne (§ 306: bis zu 10 Jahre). – **h.M.:** Es besteht Tateinheit, § 52. **Zur Vertiefung:** *Fischer*, § 306a Rn. 10a ff.; *Kudlich*, BT/2, Nr. 217	5

§ 306e Tätige Reue

Wann ist ein Schaden erheblich i.S.d. § 306e?	– **e.M.:** Schon der Eintritt einer einfachen Körperverletzung reicht aus. **(dagg.)** Das engt den Anwendungsbereich zu stark ein. – **a.M.:** Erheblich sind Körperverletzungen gem. § 224 I Nr. 2 (oder § 226), Sachschäden ab der Grenze des § 315c (bedeutender Wert). **(dagg.)** Diese Grenzen sind willkürlich. – **h.M.:** Es muss sich um einen Körper- oder Sachschaden von einigem Gewicht handeln. **Zur Vertiefung:** *Joecks/Jäger*, § 306e Rn. 3 ff.; *Rengier*, BT/2, § 40 Rn. 101 f.	1

2	Sind Fremdschäden (z.B. an der Wohnung) und Eigenschäden (z.B. an der Wohnungseinrichtung) bei der Beurteilung der Erheblichkeit zu addieren?	– **e.M.:** Ja, der Wortlaut besagt nicht, dass bestimmte Schäden außer Betracht zu bleiben hätten. **(dagg.)** Folgen, die nur den Täter selber getroffen haben, sind keine Schäden. – **h.M.:** Nein. **Zur Vertiefung:** *Joecks/Jäger*, § 306e Rn. 7
3	Ist § 306e auf andere Formen der Verhinderung von Schaden als durch Löschen (bzw. auf § 306f) analog übertragbar?	– **e.M.:** Ja, es wäre unsinnig dem Täter aufzugeben den Brand zeitaufwendig zu löschen statt die Person schnell aus dem Gefahrenbereich zu schaffen. **(dagg.)** Gesetzeswortlaut (bzw. bei § 306f auch Gesetzessystematik, denn § 306e steht vor § 306f) – **a.M.:** Nein. **Zur Vertiefung:** Schönke/Schröder/*Heine/Bosch*, § 306e Rn. 12; SSW/*Wolters*, § 306e Rn. 15

§ 308 Herbeiführen einer Sprengstoffexplosion

1	Erfüllt auch die Entfaltung einer explosionsartigen Wirkung durch Unterdruck den Tatbestand?	– **e.M.:** Ja, normativer Begriffscharakter, auch Implosionen lösen eine plötzliche Welle mit schneller Beschleunigung aus. **(dagg.)** Analogieverbot – **h.M.:** Nein, Explosion ist nicht Implosion. **Zur Vertiefung:** LPK/*Kindhäuser/Hilgendorf*, § 308 Rn. 3; Schönke/Schröder/*Heine/Bosch*, § 308 Rn. 3
2	Erfüllen auch Kleinexplosionen in Küche und Haushalt (Fahrradschlauch; Druckkochtopf; Feuerwerkskörper) den Tatbestand?	– **e.M.:** Nein, sie sind aus dem Gesichtspunkt der „Sozialadäquanz“ auszuscheiden (Verbrechenstatbestand). **(dagg.)** Dazu besteht, auch im Vergleich mit §§ 306, 306d, kein Anlass. – **a.M.:** Ja, es kommt aber eine Einwilligung in Betracht (s.o. § 306 Rn. 12). **Zur Vertiefung:** *Fischer*, § 308 Rn. 3a; *Joecks/Jäger*, § 308 Rn. 4; Lackner/Kühl/*Heger*, § 308 Rn. 2

Ist die „Einhaltung allgemein anerkannter Regeln der Sicherheitstechnik“ ein Rechtfertigungsgrund?	– **e.M.:** Ja, wie bei § 307 (Kernkraftwerke) auch. **(dagg.)** Die Schaffung eines „erlaubten Risikos“ ist schon nicht tatbestandsgemäß; für Fahrlässigkeit fehlt die Sorgfaltspflichtverletzung. – **h.M.:** Nein, mangels Schaffung eines „unerlaubten Risikos“ entfällt schon der Tatbestand. **Zur Vertiefung:** *Fischer*, § 308 Rn. 5a; LPK/*Kindhäuser/Hilgendorf*, § 308 Rn. 10	**3**
Ist die behördliche Genehmigung (bei §§ 307, 308) ein Rechtfertigungsgrund?	– **e.M.:** Ja, die Genehmigung ergeht aufgrund einer Risikoabwägung. **(dagg.)** Die Genehmigung rechtfertigt nicht die Nichteinhaltung der anerkannten Regeln der Sicherheitstechnik. – **h.M.:** Nein, die Genehmigung als solche nicht. **Zur Vertiefung:** LPK/*Kindhäuser/Hilgendorf*, § 308 Rn. 10; Lackner/Kühl/*Heger*, § 308 Rn. 4	**4**

§ 314 Gemeingefährliche Vergiftung

Werden auch gewerbliches, landwirtschaftliches oder feuerpolizeiliches Brauchwasser (Löschteiche) von § 314 I Nr. 1 erfasst?	– **e.M.:** Ja, Wortlaut. **(dagg.)** Ratio legis ist der Schutz der menschlichen Gesundheit. – **a.M.:** Nein, der menschliche Organismus muss bestimmungsgemäß damit in Kontakt kommen (und sei es nur beim Baden). **Zur Vertiefung:** LPK/*Kindhäuser/Hilgendorf*, § 314 Rn. 3	**1**
Fällt der Verkauf verdorbener Lebensmittel unter § 314 I Nr. 2?	– **e.M.:** Ja, es genügt, dass die Gegenstände giftig sind, sie müssen nicht vergiftet worden sein. **(dagg.)** Dann würde ein einfacher Verstoß gegen öffentlich-rechtliche Kennzeich-	**2**

		nungspflichten (Verfallsdatum) zum Verbrechen. – **a.M.:** Nein, das genügt nicht. **Zur Vertiefung:** *Joecks/Jäger*, § 314 Rn. 11
3	Ist § 314 I Nr. 2 auch dann einschlägig, wenn der Empfänger des Gegenstandes von dessen gesundheitsschädigender Eigenschaft weiß?	– **e.M.:** Nein, § 319 a.F. setzte voraus, dass die Gegenstände unter „Verschweigung dieser Eigenschaft" verkauft wurden. **(dagg.)** Diese Formulierung wurde gestrichen. – **a.M.:** Ja, es handelt sich um ein abstraktes Gefährdungsdelikt. **Zur Vertiefung:** *Joecks/Jäger*, § 314 Rn. 12

§ 315 Gefährliche Eingriffe in den Bahn-, Schiffs- und Luftverkehr

1	Ist es nach § 315 strafbar, bei Nichtraucherflügen auf der Bordtoilette zu rauchen?	– **e.M.:** Ja, als Hindernisbereiten gem. § 315 I Nr. 1 bzw. Geben falscher Signale gem. § 315 I Nr. 3, wenn der Rauchmelder ein Signal auslöst, oder als ähnlicher, ebenso gefährlicher Eingriff nach Nr. 4 (Brandgefahr). **(dagg.)** Früher war das Rauchen auf Flügen generell erlaubt. – **h.M.:** Nein, es fehlt außerdem an einer „konkreten" Gefährdung. **Zur Vertiefung:** *Fahl*, JuS 2003, 472

§ 315a Gefährdung des Bahn-, Schiffs- und Luftverkehrs

1	Wo liegt die Promillegrenze für absolute Fahruntüchtigkeit von Flugzeugführern (§ 315a I Nr. 1)?	– **e.M.:** Die Promillegrenzen sind deliktsspezifisch unterschiedlich auszulegen und liegen im Flugverkehr unter denen für Autofahrer (ca. 0,5 ‰ für absolute, 0,2 ‰ für relative), im Schiffsverkehr (deutlich) darüber (ca. 1,7 ‰ für absolute).

	(dagg.) Im Flugverkehr gilt normalerweise ein absolutes Alkoholverbot.
	– **a.M.:** Sie liegt bei Null.
	Zur Vertiefung: *Joecks/Jäger*, § 315a Rn. 2; LPK/*Kindhäuser/Hilgendorf*, § 315a Rn. 3

§ 315b Gefährliche Eingriffe in den Straßenverkehr

Aufbauschema: § 315b I 1

I. Tatbestand

1. Objektiver Tatbestand
   a) Straßenverkehr
   b) Eingriff
      aa) Nr. 1:
         (1) Tatobjekt
            (a) Anlage
            (b) Fahrzeug
         (2) Tathandlung
            (a) Zerstören
            (b) Beschädigen → *Rn. 3*
            (c) Beseitigen
      bb) Nr. 2: Hindernisbereiten → *Rn. 4, 13*
      cc) Nr. 3: Ähnlicher, ebenso gefährlicher Eingriff → *Rn. 5 ff.*
   c) Beeinträchtigung der Verkehrssicherheit
   d) und dadurch
   e) (Konkrete) Gefahr → *Rn. 11*
      aa) Für Leib oder Leben eines anderen Menschen
      bb) Fremde Sachen von bedeutendem Wert
2. Subjektiver Tatbestand
   a) Vorsatz bzgl. a)–d)
   b) Vorsatz (§ 15) oder Fahrlässigkeit (§ 315 IV) bzgl. der (konkreten) Gefahr, letzterenfalls generelle/objektive Sorgfaltspflichtverletzung bei Vorhersehbarkeit und Vermeidbarkeit der Gefährdung → *Rn. 7*

II. Rechtswidrigkeit → *Rn. 12*

III. Schuld

1. Allgemeine Schuldmerkmale
2. Bei Fahrlässigkeit: Individuelle/subjektive Sorgfaltspflichtverletzung bei subjektiver Vorhersehbarkeit und Vermeidbarkeit der Gefährdung

IV. Persönlicher Strafaufhebungsgrund

Tätige Reue, § 320 II Nr. 2

Beachte: *Qualifikation, § 315b III i.V.m. § 315 III Nr. 1 (Absicht einen Unglücksfall herbeizuführen; Ermöglichungs- oder Verdeckungsabsicht)*
Erfolgsqualifikation, § 315b III i.V.m. § 315 III Nr. 2
Fahrlässigkeitsdelikt, § 315b V

2 **Aufbauschema: § 315b V**

I. Tatbestand

1. Erfolg: (Konkrete) Gefahr für Leib oder Leben eines anderen Menschen oder fremder Sachen von bedeutendem Wert
2. Beeinträchtigung der Verkehrssicherheit
3. Tathandlung: Eingriff aus dem Katalog des § 315b I Nr. 1–3
4. Kausalität
5. Generelle/objektive Sorgfaltspflichtverletzung
   a) (Generelle) Vorhersehbarkeit
   b) (Generelle) Vermeidbarkeit
6. (Sonstige) Objektive Zurechnung des Erfolgseintritts

II. Rechtswidrigkeit

III. Schuld

1. Allgemeine Schuldmerkmale
2. Individuelle/subjektive Sorgfaltspflichtverletzung
   a) (Individuelle) Vorhersehbarkeit
   b) (Individuelle) Vermeidbarkeit

3	Erfasst § 315b I Nr. 1 (bzw. § 315 I Nr. 1) auch den Fall, dass ein Verkehrsschild nur überdeckt (z.B. Tempo 30 durch Tempo 50 überklebt) wird?	– **e.M.:** Ja, weil es auch dann die ihm zugedachte Funktion nicht mehr erfüllt. **(dagg.)** Wenn es nur ganz kurzfristig erfolgt, liegt kein Beschädigen vor (Bagatelle) und Beseitigen ist immer nur räumliches Entfernen (Analogieverbot). – **a.M.:** Nein. **Zur Vertiefung:** *Joecks/Jäger*, § 315b Rn. 5; LK/*König*, § 315 Rn. 32ff.

Können bauliche Maßnahmen zur Verkehrsberuhigung ein Hindernis nach § 315b I Nr. 2 sein (z.B. „Kölner Teller")?	– **e.M.:** Ja, sie können aber durch öffentlich-rechtliche Vorschriften gerechtfertigt sein (wenn sie in sachgemäßer Weise umgesetzt wurden). **(dagg.)** In zulässiger Weise vorgenommene bauliche Maßnahmen (oder Veränderungen) „beeinträchtigen" nicht „die Sicherheit des Straßenverkehrs", sondern zählen dazu. – **a.M.:** Nein. **Zur Vertiefung:** Lackner/Kühl/*Heger*, § 315b Rn. 4; Schönke/Schröder/*Hecker*, § 315b Rn. 6	4
Kann, wenn die Subsumtion unter von der Rspr. für § 315b I Nr. 1–2 aufgestellte Voraussetzungen (knapp) scheitert, auf § 315b I Nr. 3 zurückgegriffen werden?	– **e.M.:** Ja, die Tatsache zeigt gerade, dass es sich um einen „ähnlichen, ebenso gefährlichen" Eingriff handelt. **(dagg.)** Dann wäre jede Subsumtion sinnlos. – **a.M.:** Nein, nicht unter demselben Aspekt. **Zur Vertiefung:** *Fahl*, JA 1998, 274 (276)	5
Setzt ein Eingriff in den Verkehr (§ 315b I Nr. 3 bzw. § 315 I Nr. 4) voraus, dass der Täter sich außerhalb des Verkehrs befindet?	– **e.M.:** Ja, die Vorschriften betreffen ausschließlich „Eingriffe" von außen „in den" Verkehr (Wortlaut), Fehlverhalten im Verkehr wird ausschließlich von den §§ 315a, 315c erfasst. **(dagg.)** Bei einem bewusst zweckfremden und verkehrsfeindlichen Einsatz des Fahrzeugs wird dieses nicht zur Fortbewegung genutzt, sondern verkehrsfremd eingesetzt („pervertiert"). – **h.M.:** Nein, ein verkehrsfremder Eingriff kann auch aus dem Verkehr („von innen") heraus von einem Verkehrsteilnehmer begangen werden. **Zur Vertiefung:** *Beulke*, KK III, Rn. 560; *Joecks/Jäger*, § 315b Rn. 8 ff.; LPK/*Kindhäuser/Hilgendorf*, § 315b Rn. 5 f.	6

7	Setzt ein „verkehrsfremder Eingriff“ (mindestens bedingten) Schädigungsvorsatz voraus?	– **e.M.:** Ja, zum Ausgleich dafür, dass er (entgegen der Systematik) überhaupt unter §§ 315 b I Nr. 3, 315 I Nr. 4 subsumiert wird. **(dagg.)** Gefährdungsdelikte verlangen Gefährdungsvorsatz, nicht Verletzungsvorsatz. – **a.M.:** Nein, ein solches Erfordernis ist nicht anzuerkennen. **Zur Vertiefung:** *Beulke*, KK III, Rn. 560; *Wessels/Hettinger/Engländer*, Rn. 1085
8	Liegt ein „verkehrsfremder Eingriff“ beim schnellen Zufahren auf einen Halt gebietenden Polizeibeamten auch dann vor, wenn der Täter im letzen Moment ausweichen will?	– **e.M.:** Nein, mangels (bedingten) Schädigungsvorsatzes; der Täter vertraut vielmehr auf das Ausbleiben von Schäden (s. § 15 Rn. 4). **(dagg.)** Auf die Reaktion des Bedrohten hat er keinen Einfluss, dadurch ist die Gefahrensituation für ihn nicht beherrschbar. – **h.M.:** Ja (allerdings steht die „Hemmschwellentheorie“ der Annahme eines bedingten Tötungsvorsatzes entgegen, zu prüfen bleibt § 113). **Zur Vertiefung:** *Joecks/Jäger*, § 315b Rn. 24 f.
9	Kann auch ein (äußerlich) verkehrsgerechtes Verhalten (z.B. plötzliches Abbremsen vor einer gelben Ampel, um einen Auffahrunfall zu provozieren) „verkehrsfremder“ Eingriff sein?	– **e.M.:** Nein, das geht zu weit. **(dagg.)** In Wahrheit verstößt ein solcher Fahrer gegen § 1 II StVO und verhält sich damit eben nicht verkehrsgerecht. – **h.M.:** Ja, wenn sogar Schädigungsabsicht vorliegt. **Zur Vertiefung:** *Eisele*, BT/1, Rn. 1155 f.; *Wessels/Hettinger/Engländer*, Rn. 1084; *Rengier*, BT/2, § 45 Rn. 20
10	Muss die (beabsichtigte) Schädigung selbst im öffentlichen Verkehrsraum eintreten?	– **e.M.:** Nein, z.B. Zufahren auf einen Passanten, der sich außerhalb des öffentlichen Verkehrsraums auf dem Grünstreifen befindet.

	(dagg.) § 315b spricht von Eingriff „in den“, nicht „aus dem“ Straßenverkehr. – **h.M.:** Ja, Wortlaut. **Zur Vertiefung:** *Joecks/Jäger*, § 315b Rn. 16 f.	
Liegt eine konkrete Gefährdung bereits dann vor, wenn das Opfer mit einem am Bremsschlauch beschädigten Fahrzeug am Verkehr teilnimmt?	– **e.M.:** Ja, schon die Inbetriebnahme birgt ein erhebliches Unfallrisiko für die Insassen. **(dagg.)** Solange es zu keinem „Beinahe-Unfall“ kommt, ist die Grenze von der abstrakten zur konkreten Gefährdung nicht überschritten. – **h.M.:** Nein, es muss zu einer „brenzligen“ Verkehrssituation gekommen sein. **Zur Vertiefung:** *Beulke*, KK III, Rn. 574	**11**
Kann ein Verstoß gegen § 315b durch Notwehr (§ 32) gerechtfertigt sein?	– **e.M.:** Nein, Straßenverkehrsdelikte schützen die Allgemeinheit. **(dagg.)** Die Allgemeinheit ist aber nur in Form eines konkret Gefährdeten geschützt. – **h.M.:** Ja, wenn der konkret Gefährdete Angreifer ist. **Zur Vertiefung:** MüKo/*Pegel*, § 315b Rn. 59	**12**
Kann § 315b (I Nr. 2) auch durch Unterlassen begangen werden (indem ein hindernisbereitender Zustand, z.B. herabgefallene Ladung, nicht beseitigt wird)?	– **e.M.:** Nein, das ergibt sich im Gegenschluss aus § 315c I Nr. 2g; das Nichtbeseitigen „entspricht“ im Übrigen nicht dem Bereiten eines Hindernisses „durch ein Tun“, § 13 (allenfalls kommt Nr. 3 in Betracht). **(dagg.)** Damit wird die Entsprechungsklausel überstrapaziert. – **h.M.:** Ja, die Garantenstellung folgt aus vorangegangenem, gefahrschaffenden (nicht notwendig rechtswidrigen) Tun (Ingerenz). **Zur Vertiefung:** *Joecks/Jäger*, § 315b Rn. 22 f.; *Rengier*, BT/2, § 45 Rn. 13; Schönke/Schröder/*Hecker*, § 315b Rn. 6	**13**

§ 315c Gefährdung des Straßenverkehrs

1 **Aufbauschema: § 315c I**

I. Tatbestand

1. Objektiver Tatbestand
   a) Tatsituation: Straßenverkehr
   b) Tathandlung
      aa) Nr. 1
         (1) Fahrzeug → *Rn. 3 f.*
         (2) Führen → *Rn. 5 ff., 23*
         (3) Fahruntüchtigkeit → *Rn. 10 ff.*
            (a) Nr. 1a
               (aa) Genuss → *Rn. 8*
               (bb) Alt. 1: Alkoholischer Getränke (→ *Rn. 9*) oder
               (cc) Alt. 2: Berauschender Mittel → *Rn. 13*
            (b) Nr. 1b
               (aa) Alt. 1: Geistige Mängel oder
               (bb) Alt. 2: Körperliche Mängel
      bb) Nr. 2
         (1) Verkehrsverstoß aus dem Katalog der „Todsünden" des § 315c I Nr. 2 a)–g)
         (2) Grob verkehrswidrig
   c) und dadurch
   d) (Konkrete) Gefahr für
      aa) Leib oder Leben eines anderen Menschen oder → *Rn. 18 f.*
      bb) Fremde Sachen von bedeutendem Wert → *Rn. 15 ff.*
2. Subjektiver Tatbestand
   a) Vorsatz bzgl. a)–c) → *Rn. 21*
   b) Vorsatz (§ 15) oder Fahrlässigkeit (§ 315c III Nr. 1) bzgl. der (konkreten) Gefahr, letzterenfalls generelle/objektive Sorgfaltspflichtverletzung bei Vorhersehbarkeit und Vermeidbarkeit der Gefährdung

II. Rechtswidrigkeit → *Rn. 22*

III. Schuld

1. Allgemeine Schuldmerkmale
2. Bei § 315c I Nr. 2 zusätzlich: Rücksichtslosigkeit → *Rn. 20*
3. Bei Fahrlässigkeit: Individuelle/subjektive Sorgfaltspflichtverletzung bei subjektiver Vorhersehbarkeit und Vermeidbarkeit der Gefährdung

Beachte: *Fahrlässigkeitsdelikt, § 315c III Nr. 2*

Aufbauschema: § 315c III Nr. 2 2

I. Tatbestand
1. Tatsituation: Straßenverkehr
2. Taterfolg: (Konkrete) Gefahr für
   a) Leib oder Leben eines anderen Menschen oder
   b) Fremde Sachen von bedeutendem Wert
3. Tathandlung
   a) Nr. 1
      aa) Fahrzeug
      bb) Führen
      cc) Fahruntüchtigkeit
         (1) Nr. 1a
            (a) Genuss
            (b) Alt. 1: Alkoholischer Getränke oder
            (c) Alt. 2: Berauschender Mittel
         (2) Nr. 1b
            (a) Alt. 1: Geistige Mängel oder
            (b) Alt. 2: Körperliche Mängel
   b) Nr. 2
      aa) Verkehrsverstoß aus dem Katalog der „Todsünden" des § 315c I Nr. 2 a)–g)
      bb) Grob verkehrswidrig
4. Kausalität
5. Generelle/objektive Sorgfaltspflichtverletzung
   a) (Generelle) Vorhersehbarkeit
   b) (Generelle) Vermeidbarkeit
6. (Sonstige) Objektive Zurechnung des Erfolgseintritts

II. Rechtswidrigkeit

III. Schuld
1. Allgemeine Schuldmerkmale
2. Individuelle/subjektive Sorgfaltspflichtverletzung
   a) (Individuelle) Vorhersehbarkeit
   b) (Individuelle) Vermeidbarkeit

Sind Inline-Skates (Roller-Blades; Long-Boards; etc.) Fahrzeuge i.S.d. §§ 315c, 316?	– **e.M.:** Ja, anders als in § 316a wird kein Kraftfahrzeug vorausgesetzt (daher fallen darunter auch mit Muskelkraft bewegte Fahrräder und unter § 316 sogar Paddelboote).	3

		(dagg.) Wären sie „Fahrzeuge“, so müssten sie auch beleuchtet sein etc. – **h.M.:** Nein, die damit erzielbaren Geschwindigkeiten sind zu gering, abgesehen davon, dass insoweit keine gesicherten Promillegrenzwerte existieren (elektrobetriebene E-Roller sind dagegen Kfz). **Zur Vertiefung:** LK/*König*, § 315c Rn. 8a; Schönke/Schröder/*Hecker*, § 315c Rn. 5; SSW/*Ernemann*, § 315c Rn. 3
4	Fallen motorisierte Krankenfahrstühle unter §§ 315c, 316?	– **e.M.:** Ja, wenn sie nach ihrem äußeren Erscheinungsbild einem PKW gleichen (sog. Säufermobile). **(dagg.)** Auch Kranke haben ein Recht auf Witterungsschutz. – **a.M.:** Nein, anders als „Kleinst-PKW“. **Zur Vertiefung:** *Fahl*, JA-R 2001, 51; SSW/*Ernemann*, § 315c Rn. 3
5	Ist für das Führen eines Fahrzeuges i.S.d. § 315c (bzw. § 316) erforderlich, dass die Räder sich bewegen?	– **e.M.:** Nein, zur Vollendung reicht bereits das Herumdrehen des Zündschlüssels und Einschalten des Abblendlichtes (der Versuch ist bei § 316 straflos). **(dagg.)** Von einem stehenden Fahrzeug geht weder eine abstrakte noch eine konkrete Gefahr aus. – **h.M.:** Ja. **Zur Vertiefung:** *Fischer*, § 315c Rn. 3a f.; SSW/*Ernemann*, § 315c Rn. 4
6	Führt ein Fahrzeug (§§ 315c, 316), wer es ein Gefälle herabrollen lässt bzw. abgeschleppt wird?	– **e.M.:** Nein, entscheidend ist, dass die (eigene) Motorkraft benutzt wird. **(dagg.)** Auch Fahrräder fallen unter die Vorschrift. – **h.M.:** Ja, ein Fahrzeug führt, wer es lenkt und bremst (es gelten die gleichen Promillegrenzen wie für den Normalbetrieb). **Zur Vertiefung:** *Joecks/Jäger*, § 316 Rn. 3; SSW/*Ernemann*, § 315c Rn. 4

Frage	Meinungen	Rn.
Wer führt ein Fahrschulauto, wenn der Fahrlehrer nicht eingreift (§§ 315c I Nr. 1a; 316)?	– **e.M.:** Nur der Schüler (jedenfalls bei Fortgeschrittenen); es handelt sich um ein eigenhändiges Delikt, mündliche Unterweisung genügt nicht. **(dagg.)** Der Fahrlehrer kann und soll (anders als ein Beifahrer) jederzeit eingreifen. – **a.M.:** Beide, Fahrlehrer und Fahrschüler (für beide gelten die gleichen Promillegrenzen). **Zur Vertiefung:** Lackner/Kühl/*Heger*, § 315c Rn. 3; Schönke/Schröder/*Cramer*/*Sternberg-Lieben*, § 316 Rn. 23	**7**
Setzt Genuss (§ 315c I Nr. 1a bzw. § 316) ein positives Geschmackserlebnis voraus?	– **e.M.:** Ja, nach dem allgemeinen Sprachgebrauch. **(dagg.)** Genuss kann auch Konsum bedeuten. – **h.M.:** Nein (Abfüllen, Einflößen etc). **Zur Vertiefung:** LK/*König*, § 316 Rn. 13; SSW/ *Ernemann*, § 316 Rn. 5	**8**
Setzen § 315c I Nr. 1a bzw. § 316 voraus, dass der Alkohol getrunken wird?	– **e.M.:** Ja, Wortlaut (Getränke). **(dagg.)** Der Konsum alkoholischer Getränke kann auch durch Essen (Mokkabohnen), Aufnahme durch die Haut beim Baden etc. geschehen. – **h.M.:** Nein, wie die Flüssigkeit aufgenommen wird, ist egal. **Zur Vertiefung:** SK/*Wolters*, § 316 Rn. 7	**9**
Gibt es eine Promillegrenze, ab der jedermann, ohne Rücksicht auf individuelle Fähigkeiten und Prädispositionen, fahruntüchtig (§ 315c I Nr. 1a bzw. § 316) ist (sog. absolute Fahruntüchtigkeit)?	– **e.M.:** Nein, im Gesetz steht im Unterschied zu § 24a StVG kein Grenzwert. **(arg.)** Die Festsetzung eines Wertes durch die Rspr. verstößt gegen den Gewaltenteilungsgrundsatz; seine Herabsetzung gegen das Rückwirkungsverbot. **(dagg.)** Gesicherte wissenschaftliche Erkenntnisse (Fahrversuche) zeigen, dass die Gesamtleistungsfähigkeit des Fahrzeug-	**10**

		führers bereits ab einer BAK von 1,0 ‰ derart herabgesetzt ist, dass er nicht fähig ist, das Fahrzeug über eine längere Strecke, auch beim Auftreten schwieriger Verkehrslagen, sicher zu steuern (dazu kommt noch ein Sicherheitszuschlag von 0,1 ‰). – **h.M.:** Es gilt eine „unwiderlegliche Beweisregel“, wonach ab einer BAK von 1,1 ‰ jedermann untüchtig zum Führen von Kfz ist. **Zur Vertiefung:** *Wessels/Hettinger/Engländer*, Rn. 1091 ff.
11	Wo liegt die Promillegrenze für absolute Fahruntüchtigkeit (§§ 315c I Nr. 1a; 316) bei Fahrradfahrern?	– **e.M.:** Fahrversuche haben gezeigt, dass die Grenze bei Radfahrern bei einer BAK von 1,7 ‰ liegt. **(dagg.)** Die Rspr. hat die Grenze bei Autofahrern inzwischen um 0,2 ‰ (von 1,3 ‰ auf 1,1 ‰) abgesenkt. – **a.M.:** Die Grenze liegt nun bei einer BAK von 1,5 ‰. **(dagg.)** Die Anforderungen an Radfahrer sind im fraglichen Zeitraum nicht in gleichem Maße gestiegen wie für Autofahrer, lediglich der Sicherheitszuschlag ist infolge verbesserter Messmethoden um 0,1 ‰ abzusenken. – **h.M.:** Die absolute Fahruntüchtigkeit bei Radfahrern liegt bei 1,6 ‰. **Zur Vertiefung:** *Fahl*, JA 1998, 448; Lackner/Kühl/*Heger*, § 315c Rn. 6a; LPK/*Kindhäuser/Hilgendorf*, § 316 Rn. 9; *Rengier*, BT/2, § 43 Rn. 9
12	Ist relative Fahruntüchtigkeit (§ 315c I Nr. 1a bzw. § 316) an einen bestimmten Promillewert gebunden?	– **e.M.:** Nein, beim Auftreten von alkoholbedingten Ausfallerscheinungen (z.B. Schlangenlinien) liegt immer Fahruntüchtigkeit vor. **(dagg.)** Die alkoholbedingten Ausfallerscheinungen sind lediglich zusätzliche „Beweiszeichen“.

	– **h.M.:** Ja, der Schwellenwert liegt bei 0,3 ‰. **Zur Vertiefung:** LK/*König*, § 316 Rn. 93 ff.; SSW/*Ernemann*, § 316 Rn. 15	
Gibt es bei den anderen berauschenden Mitteln (Amphetamin, Cannabis, Ecstasy etc.) eine bestimmte Wirkstoffkonzentration, ab der jedermann, ohne Rücksicht auf individuelle Fähigkeiten und Präpositionen, (absolut) fahruntüchtig ist?	– **e.M.:** Ja, wie beim Alkohol. **(dagg.)** Dafür fehlen gesicherte wissenschaftliche Erkenntnisse. – **h.M.:** Nein, insoweit sind stets zusätzliche Beweiszeichen (Ausfallerscheinungen) erforderlich (ebenso wie bei Pferdefuhrwerken, Baggern etc.). **Zur Vertiefung:** SSW/*Ernemann*, § 316 Rn. 30	**13**
Liegt eine alkoholbedingte Fahruntüchtigkeit bei Überschreiten der Promillegrenzen vor, wenn der Fahrer ohnehin nicht die geringste Ahnung vom Fahren hat?	– **e.M.:** Nein, trotz Alkoholisierung ist seine Fahruntüchtigkeit dann nicht alkoholbedingt („infolge“). **(dagg.)** Ein betrunkener Fahrer begründet unbeschadet seiner sonstigen Fähigkeiten eine größere Gefahr als ein nüchterner. – **a.M.:** Ja (nicht alle Fahrfehler können aber zur Begründung der relativen Fahruntüchtigkeit herangezogen werden). **Zur Vertiefung:** SSW/*Ernemann*, § 316 Rn. 6	**14**
Wann ist ein Wert bedeutend i.S.d. § 315c I (bzw. § 315)?	– **e.M.:** Ab ca. 750 Euro (früher: 1500 DM). **(dagg.)** Geldwertentwertung (Inflation); Harmonisierung mit dem „bedeutenden Schaden“ i.S.d. § 69 II Nr. 3 – **a.M.:** Ab ca. 1000 Euro (bloße Affektionsinteressen bleiben wie bei § 248a außer Betracht). **Zur Vertiefung:** *Fischer*, § 315 Rn. 16a; LPK/*Kindhäuser/Hilgendorf*, § 315c Rn. 15; SSW/*Ernemann*, § 315c Rn. 25; *Rengier*, BT/2, § 44 Rn. 21	**15**
Muss auch der der Sache drohende Schaden „bedeutend“ gewesen sein?	– **e.M.:** Nein, Wortlaut. **(dagg.)** Es kommt auf das Ausmaß der Gefahr an.	**16**

Nr.	Frage	Antwort
		– **h.M.:** Ja (wobei der „ex ante“ drohende Schaden, sog. Gefährdungsschaden, nicht gleichzusetzen ist mit dem entstandenen Schaden). **Zur Vertiefung:** SSW/*Ernemann*, § 315c Rn. 25
17	Kann auch das vom Täter gefahrene Fahrzeug (Mietwagen; Leihwagen) eine fremde Sache von bedeutendem Wert sein?	– **e.M.:** Ja, was kann das Auto dafür, dass der Täter es fährt. **(dagg.)** Das Tatwerkzeug (notwendiges Tatmittel) kann nicht zugleich Schutzobjekt sein (Konfusionsargument). – **h.M.:** Nein, das vom Täter geführte Kfz fällt aus dem Schutzbereich. **Zur Vertiefung:** *Joecks/Jäger*, § 315c Rn. 26 LPK/*Kindhäuser/Hilgendorf*, § 315c Rn. 15; *Rengier*, BT/2, § 44 Rn. 22
18	Kann der „andere Mensch“ i.S.d. § 315c I auch ein Teilnehmer (Anstifter oder Gehilfe) sein?	– **e.M.:** Ja, der Wortlaut nimmt niemanden aus. **(dagg.)** Wer die Norm verletzt, kann nicht zugleich durch die Norm geschützt sein (vgl. § 26 I: „gleich einem Täter“; Konfusionsargument). – **h.M.:** Nein, Teilnehmer scheiden aus dem Schutzbereich des § 315c I aus. **Zur Vertiefung:** LPK/*Kindhäuser/Hilgendorf*, § 315c Rn. 10; *Rengier*, BT/2, § 44 Rn. 17
19	Ist der, der bei einem Fahruntüchtigen mitfährt – sei er Teilnehmer oder nicht – stets konkret gefährdet i.S.d. § 315c I?	– **e.M.:** Ja, auch der Beifahrer ist ein „anderer Mensch“ i.S.d. § 315c I. **(dagg.)** Dadurch würde die Grenze zwischen der abstrakten und der konkreten Gefährdung verwischt. – **h.M.:** Nein, es muss zu einer kritischen Verkehrssituation („Beinahe-Unfall“) gekommen sein (s.o. § 315b Rn. 11). **Zur Vertiefung:** Lackner/Kühl/*Heger*, § 315c Rn. 23; LPK/*Kindhäuser/Hilgendorf*, § 315c Rn. 11

Wo im Deliktsaufbau ist die Rücksichtslosigkeit i.S.d. § 315c I Nr. 2 zu prüfen?	– **e.M.:** Im objektiven Tatbestand (wie „grob verkehrswidrig“). **(dagg.)** Rücksichtslos bedeutet soviel wie „aus eigensüchtigen Motiven“. – **a.M.:** Im subjektiven Tatbestand als subjektives Tatbestandsmerkmal. **(dagg.)** Rücksichtslosigkeit deutet eher auf eine Gesinnung. – **a.M.:** Sowohl als Tatbestands- wie auch als Schuldmerkmal. **(dagg.)** Merkmale mit „Doppelfunktion“ sind selten. – **h.M.:** Auf Schuldebene als „besonderes Schuldmerkmal“. **Zur Vertiefung:** *Rengier*, BT/2, § 44 Rn. 7; *Wessels/Beulke/Satzger*, Rn. 674	**20**
Ist Vorsatz ab einer BAK von 1,5 ‰ anzunehmen?	– **e.M.:** Ja, je deutlicher die 1,1 ‰-Promille-Grenze überschritten wurde, desto weniger kann dem Täter ihr Erreichen verborgen geblieben sein. **(dagg.)** Die zunehmende Alkoholisierung führt eher zur Überschätzung der eigenen Fahrtüchtigkeit. – **h.M.:** Nein, die BAK taugt nicht zur Unterscheidung von Vorsatz und Fahrlässigkeit (§ 315c III Nr. 2 bzw. § 316 II). **Zur Vertiefung:** *Fahl*, DAR 1996, 393 (394 f.); LPK/*Kindhäuser/Hilgendorf*, § 315c Rn. 12; *Rengier*, BT/2, § 43 Rn. 15	**21**
Schließt die Einwilligung des allein gefährdeten Mitfahrers in seine Gefährdung die Bestrafung nach § 315c aus?	– **e.M.:** Ja, geschützt wird (anders als bei § 316) in erster Linie das Individualinteresse. **(dagg.)** Neben dem Individualinteresse ist jedoch auch die allgemeine Sicherheit des Straßenverkehrs geschützt.	**22**

		– **h.M.:** Nein, das geschützte Rechtsgut (Verkehrssicherheit) ist nicht disponibel (wie bei § 316). **Zur Vertiefung:** *Beulke*, KKIII, Rn. 567; *Hillenkamp/Cornelius*, Probleme BT, 18. Problem; *Rengier*, BT/2, § 44 Rn. 18 ff.
23	Ist ein Führen in Mittäterschaft (§§ 315c, 316; 25 II) möglich?	– **e.M.:** Nein, es handelt sich um ein eigenhändiges Delikt, bei dem mittelbare Täterschaft und Mittäterschaft ausgeschlossen sind. **(dagg.)** Die Eigenhändigkeit schließt die Zurechnung fremden Verhaltens aus, aber nicht arbeitsteiliges Vorgehen. – **h.M.:** Ja, z.B. wenn einer lenkt und der andere Kupplung und Gas betätigt (es gelten die gleichen Promillegrenzen wie für den Normalbetrieb). **Zur Vertiefung:** LK/*König*, § 315c Rn. 37 ff.; SSW/*Ernemann*, § 315c Rn. 4
24	Reicht es, wenn beim Teilnehmer (§§ 26, 27) hinsichtlich der Gefährdung nach § 315c III Nr. 1 nur Fahrlässigkeit vorliegt?	– **e.M.:** Nein, § 315c III Nr. 1 ist kein erfolgsqualifiziertes Delikt, § 18 („trifft sie den Täter oder Teilnehmer …“) nicht analog anwendbar. **(dagg.)** Die Möglichkeit der Teilnahme ergibt sich aber aus § 11 II. – **h.M.:** Ja (§ 29 besagt, dass jeder nach seiner Schuld zu bestrafen ist). **Zur Vertiefung:** *Noak*, JuS 2005, 312 ff.; *Rengier*, BT/2, § 44 Rn. 28 f.; SK/*Wolters*, § 315c Rn. 31; Schönke/Schröder/*Hecker*, § 11 Rn. 68
25	Ist Idealkonkurrenz (§ 52) gegeben, wenn durch einen alkoholbedingten Fahrfehler mehrere Personen oder Sachen konkret gefährdet werden?	– **e.M.:** Ja, § 52 I (wie wenn durch einen Schuss mehrere Personen verletzt würden). **(dagg.)** Es liegt nur eine Handlung und auch nur eine Gefährdung vor. – **h.M.:** Nein, es handelt sich nur um eine „einheitliche Tat“. **Zur Vertiefung:** Lackner/Kühl/*Heger*, § 315c Rn. 35; LPK/*Kindhäuser/Hilgendorf*, § 315c Rn. 19

In welchem Konkurrenzverhältnis stehen § 315c und § 315b, wenn dasselbe Verhalten beide verletzt?	– **e.M.:** In einem solchen Fall („verkehrsfremder Eingriff") tritt § 315c zurück (Gesetzeskonkurrenz). **(dagg.)** Wenn weder Spezialität, noch Subsidiarität, noch Konsumtion vorliegen, dann liegt keine Gesetzeskonkurrenz vor. – **h.M.:** Es besteht Tateinheit (§ 52). **Zur Vertiefung:** *Joecks/Jäger*, § 315c Rn. 35	**26**

§ 315d Verbotene Kraftfahrzeugrennen

Sind auch E-Bikes, Segways etc. Kraftfahrzeuge i.S.d. Vorschrift?	– **e.M.:** Ja, Fahrzeuge, die durch Maschinenkraft bewegt werden. **(dagg.)** Solche Fahrzeuge haben nicht das gleiche Gefährdungspotential. – **h.M.:** Nein, teleologische Reduktion gem. § 1 III StVG analog (zugunsten des Täters). **Zur Vertiefung:** BeckOK/*Kulhanek*, § 315d Rn. 15	**1**
Sind i.S.d. Vorschrift auch Straßenbahnen Kraftfahrzeuge?	– **e.M.:** Nein, § 248b IV. **(dagg.)** Der Grund für den Ausschluss von Schienenfahrzeugen bei § 248b IV („im Sinne dieser Vorschrift") greift hier nicht. – **a.M.:** Ja **Zur Vertiefung:** SSW/*Ernemann*, § 315d Rn. 3	**2**
Liegt ein Rennen auch dann vor, wenn die Einhaltung der Verkehrsregeln vereinbart ist?	– **e.M.:** Ja, die Annahme der Einhaltung sämtlicher Verkehrsregeln ist unrealistisch. **(dagg.)** Bei Einhaltung aller Verkehrsregeln darf der bloße Wille, vor jemand anderem am Ziel zu sein, nicht mit Strafe bedroht werden. – **h.M.:** Nein. **Zur Vertiefung:** BeckOK/*Kulhanek*, § 315d Rn. 14	**3**

4	Handelt es sich um ein Rennen, wenn es nicht darum geht, am schnellsten zu fahren, sondern mit einer Tankfüllung am weitesten zu kommen (Reichweitenrennen)?	– **e.M.:** Ja, jede Absprache mit Wettbewerbscharakter birgt die Gefahr der Unterordnung der Verkehrssicherheit unter das Ziel, den Wettbewerb zu gewinnen. **(dagg.)** Wortlaut (Rennen) – **a.M.:** Nein. **Zur Vertiefung:** MüKo/*Pegel*, § 315d Rn. 9
5	Ist die Kraftfahrzeugführerschaft besonderes persönliches Merkmal i.S.d. § 28 I (Rallye-Beifahrer)?	– **e.M.:** Darauf kommt es nicht an, da der Rallye-Beifahrer sogar Mittäter ist (§ 25 II). **(dagg.)** § 315d I Nr. 2 ist eigenhändiges Delikt. – **a.M.:** Ja, Fahrzeugführerschaft ist besondere persönliche Eigenschaft (§ 14 I). **(dagg.)** Die Beschränkung des Täterkreises beruht nicht auf der Person, sondern auf den Umständen. – **a.M.:** Nein (daher keine obligatorische Strafmilderung). **Zur Vertiefung:** *Fischer*, § 315d Rn. 20
6	Greift § 315d I Nr. 3 auch in den Fällen der „Polizeiflucht" ein?	– **e.M.:** Nein, Verfolgungsjagden fehlt der Wettbewerbscharakter (daher scheidet auch Nr. 1 aus); „um… zu" bedeutet, dass die Geschwindigkeit Hauptziel sein muss **(dagg.)** Wortlaut – **h.M.:** Ja, Zwischenziel reicht. **Zur Vertiefung:** *Hecker*, JuS 2021, 700; *Obermann*, NZV 2021, 344; *Zopfs*, NJW 2019, 2788

§ 316 Trunkenheit im Verkehr

1 **Aufbauschema: § 316 I**

I. Tatbestand

1. Objektiver Tatbestand
   a) Tatsituation: Im Verkehr
   b) Tathandlung:
      aa) Fahrzeug

bb) Führen
cc) Fahruntüchtigkeit
(1) Genuss
(2) Alt. 1: Alkoholischer Getränke oder
Alt. 2: Berauschender Mittel
2. Subjektiver Tatbestand
II. Rechtswidrigkeit
III. Schuld

Aufbauschema: § 316 II 2
I. Tatbestand
1. Tatsituation: Im Verkehr
2. Tathandlung:
a) Fahrzeug
b) Führen
c) Fahruntüchtigkeit
aa) Genuss
bb) Alt. 1: Alkoholischer Getränke oder
Alt. 2: Berauschender Mittel
3. Generelle/objektive Sorgfaltspflichtverletzung
a) (Generelle) Vorhersehbarkeit
b) (Generelle) Vermeidbarkeit
II. Rechtswidrigkeit
III. Schuld
1. Allgemeine Schuldmerkmale
2. Individuelle/subjektive Sorgfaltspflichtverletzung
a) (Individuelle) Vorhersehbarkeit
b) (Individuelle) Vermeidbarkeit

§ 316a Räuberischer Angriff auf Kraftfahrer

Aufbauschema: § 316a I 1
I. Tatbestand
1. Objektiver Tatbestand
a) Tatobjekt
aa) Führer eines Kraftfahrzeugs (→ *Rn. 7*) oder
bb) Mitfahrer → *Rn. 8*
b) Tathandlung
aa) Angriff auf Leib, Leben oder Entschlussfreiheit → *Rn. 3*
bb) Verüben → *Rn. 4*

cc) Ausnutzen der besonderen Verhältnisse des Straßenverkehrs
→ Rn. 5 f.

2. Subjektiver Tatbestand
   a) Vorsatz
   b) Absicht zur Begehung von § 249, § 250, § 252 oder § 255

II. Rechtswidrigkeit

III. Schuld

Beachte: *Erfolgsqualifikation, § 316a III*

2 **Aufbauschema: § 316a III**

Beachte: *Vor § 316a III sollten § 316 I sowie § 222 geprüft werden. Dann kann im Tatbestand 1. entweder ganz weggelassen oder insoweit in aller Kürze auf die vorangegangene Prüfung verwiesen werden.*

I. Tatbestand

1. Erfüllung des Grundtatbestandes, § 316a I
2. Eintritt der Todesfolge
3. Kausalität zwischen Grunddelikt und Todesfolge
4. Vorsatz oder Fahrlässigkeit bzgl. der Folge, letzterenfalls
   a) Generelle/objektive Sorgfaltspflichtverletzung bei objektiver Vorhersehbarkeit der Todesfolge
   b) Leichtfertigkeit
5. (Sonstige) Objektive Zurechnung
6. Zumindest bei Fahrlässigkeit zusätzlich: Unmittelbarkeitszusammenhang

II. Rechtswidrigkeit

(Prüfungspunkt entfällt, wenn keine Abweichung zum Grunddelikt)

III. Schuld

1. Allgemeine Schuldmerkmale
2. Bei Leichtfertigkeit:

   Individuelle/subjektive grobe Sorgfaltspflichtverletzung bei individueller/subjektiver Vorhersehbarkeit der Todesfolge

3	Kann ein Angriff auf „die Entschlussfreiheit" (§§ 316a, 316c) auch durch Täuschung und List begangen werden?	– **e.M.:** Ja, im Einklang mit der früheren Rspr. **(dagg.)** Täuschung und List sind betrugsspezifische Tatmittel, nicht raubspezifische; bei § 234 ist „List" ausdrücklich erwähnt neben „Gewalt" und „Drohung".

	– **a.M.:** Nein. **Zur Vertiefung:** *Kudlich*, BT/1, Nr. 186; LPK/*Kindhäuser/Hilgendorf*, § 316a Rn. 5; LK/*Sowada*, § 316a Rn. 10	
Verübt einen Angriff i.S.d. § 316a schon, wer unmittelbar dazu ansetzt?	– **e.M.:** Ja, es handelt sich (wie bei § 316a a.F.) um ein Unternehmensdelikt. **(dagg.)** Der Wortlaut („einen Angriff … zu unternehmen“) wurde eigens verändert. – **h.M.:** Nein, „verüben“ setzt mehr als den bloßen Versuch, nämlich die tatsächliche Ausführung, voraus. **Zur Vertiefung:** *Joecks/Jäger*, § 316a Rn. 6; LK/*Sowada*, § 316a Rn. 14	**4**
Setzt § 316a voraus, dass der Angriff auf den Kraftfahrer erfolgt, während dieser das Fahrzeug lenkt (Angriffe innerhalb des fließenden Verkehrs)?	– **e.M.** (weite Auslegung): Nein, es genügt, dass der Überfall in räumlicher und zeitlicher Nähe zum Fahrzeug stattfindet, z.B. wenn der Täter sich vom Opfer an einen entlegenen Ort fahren lässt, um es dort auszurauben, wo es von fremder Hilfe abgeschnitten oder seiner Fluchtmöglichkeiten beraubt ist (sog. Vereinzelungstheorie). **(dagg.)** Es handelt sich nicht mehr um die Ausnutzung der besonderen Verhältnisse des Straßenverkehrs, wenn das Opfer sich lediglich in der Rolle eines Fußgängers befindet. – **h.M.** (restriktive Auslegung): Ja, dem Schutzzweck nach muss das Opfer gerade durch das Lenken des Fahrzeugs in seiner Abwehrbereitschaft beeinträchtigt sein (sonst greifen nur §§ 249, 240 ein). **Zur Vertiefung:** *Beulke*, KK III, Rn. 704; *Jäger*, BT, Rn. 679 ff.; LPK/*Kindhäuser/Hilgendorf*, § 316a Rn. 13 f.	**5**

6	Liegt eine Ausnutzung der besonderen Verhältnisse des Straßenverkehrs vor, wenn das Fahrzeug verkehrsbedingt (Ampel, Kreuzung) hält?	– **e.M.:** Nein, „fließender Verkehr" setzt voraus, dass die Räder rollen. **(dagg.)** Zum „Führen" eines Kraftfahrzeuges gehört auch das Halten. – **h.M.:** Ja, sofern der Fahrer nur durch seine Aufgaben in seiner Abwehrbereitschaft beeinträchtigt ist (das kann selbst bei abgeschaltetem Motor der Fall sein, etwa an einem Bahnübergang). **Zur Vertiefung:** *Joecks/Jäger*, § 316a Rn. 9, 19; LPK/*Kindhäuser/Hilgendorf*, § 316a Rn. 14
7	Setzt § 316a voraus, dass das Opfer zu Beginn des Angriffs bereits Kraftfahrer war?	– **e.M.:** Ja, Wortlaut. **(dagg.)** Eine Ausnutzung der besonderen Verhältnisse des Straßenverkehrs kann auch dann vorliegen, wenn das Opfer mit vorgehaltener Waffe zum Einsteigen und Losfahren gezwungen wird. – **h.M.:** Nein. **Zur Vertiefung:** *Joecks/Jäger*, § 316a Rn. 17
8	Erfasst § 316a auch den Handtaschenraub in einem voll besetzten Bus?	– **e.M.:** Ja, Wortlaut („oder eines Mitfahrers"). **(dagg.)** Die Tatsituation unterscheidet sich nicht vom normalen Handtaschenraub in einer Menschenmenge. – **h.M.:** Nein, mangels Ausnutzung der „besonderen" Verhältnisse des Straßenverkehrs (nur § 249). **Zur Vertiefung:** *Joecks/Jäger*, § 316a Rn. 20; LK/*Sowada*, § 316a Rn. 33
9	Ist bei § 316a ein „Rücktritt" vom vollendeten Delikt möglich?	– **e.M.:** Ja, für § 24 bleibt nur ein schmaler Bereich, das hat der Gesetzgeber bei der Neufassung nicht bedacht, daher sind die Vorschriften über die tätige Reue analog anzuwenden. **(dagg.)** § 316a II a.F., der eine tätige Reue vorsah, wurde gestrichen.

	– **h.M.:** Nein, allerdings kann ein minder schwerer Fall nach § 316a II vorliegen. **Zur Vertiefung:** *Joecks/Jäger*, § 316a Rn. 22; *Küper/Zopfs*, BT, Rn. 35; *Wessels/Hillenkamp/Schuhr*, Rn. 446	
Stehen § 316a und § 249 in Tateinheit?	– **e.M.:** Nein, § 316a konsumiert § 249 bzw. tritt als Durchgangsstadium hinter diesen zurück (Gesetzeskonkurrenz). **(dagg.)** Eine Verurteilung nur wegen des einen oder des anderen würde das Unrecht nur unvollständig wiedergeben. – **h.M.:** Ja (da § 316a keine Verwirklichung der Raubtat verlangt, besteht keine Spezialität). **Zur Vertiefung:** LK/*Sowada*, § 316a Rn. 60; *Otto*, BT, § 46 Rn. 75 f.	**10**
In welchem Konkurrenzverhältnis steht § 316a zu §§ 249, 250, 22?	– **e.M.:** Spezialität bzw. Gesetzeskonkurrenz mit Vorrang des § 316a. **(dagg.)** Klarstellungsfunktion des Urteilstenors (zumindest im Falle der Qualifikation nach § 250) – **h.M.:** Tateinheit (§ 52) **Zur Vertiefung:** *Fischer*, § 316a Rn. 20; LPK/*Kindhäuser/Hilgendorf*, § 316a Rn. 22; SSW/*Ernemann*, § 316a Rn. 23	**11**

§ 316b Störung öffentlicher Betriebe

Liegt eine Störung einer Anlage, die dem öffentlichen Verkehr dient, vor, wenn die Anlage zum fraglichen Tatzeitpunkt nur für einen bestimmten privaten oder hoheitlichen Zweck (Castor-Transport) verwendet wird?	– **e.M.:** Nein, dann handelt es sich nicht mehr um „öffentlichen" Verkehr. **(dagg.)** Es kommt nur darauf an, wozu die betreffende Anlage generell dient. – **h.M.:** Ja, wenn sie grds. der Allgemeinheit zur Verfügung steht. **Zur Vertiefung:** *Fischer*, § 316b Rn. 3; NK/*Zieschang*, § 316b Rn. 17	**1**

2	Erfasst § 316b I Nr. 2 auch *Ent*sorgungsunternehmen (Müllabfuhr; Abwasserentsorgung; Kläranlage)?	– **e.M.:** Nein, „Versorgung" ist nicht Entsorgung (sie unterfallen aber Nr. 3). **(dagg.)** Öffentliche Versorgung mit Dienstleistungen ist auch die Abfuhr des Mülls. – **h.M.:** Ja. **Zur Vertiefung:** SK/*Wolters*, § 316b Rn. 8; SSW/*Ernemann*, § 316b Rn. 4
3	Kann Anlage i.S.d. § 316b I Nr. 3 auch das einzelne (technische) Hilfsmittel sein, dessen sich die Einrichtung (Polizei, Feuerwehr etc.) bedient (z.B. Feuermelder, Notrufsäule, Starenkasten)?	– **e.M.:** Nein, nur soweit der Angriff auch die übergeordnete Organisationseinheit stört. **(dagg.)** Der Wortlaut lässt ausdrücklich die Verhinderung oder Störung des Betriebs der (ganzen) Einrichtung oder nur der (einzelnen) Anlage genügen. – **h.M.:** Ja, soweit sie nur komplex genug sind, um den Anlagenbegriff zu erfüllen („Sachgesamtheit von nicht ganz unerheblichen Ausmaßen …"). **Zur Vertiefung:** Schönke/Schröder/*Hecker*, § 316b Rn. 5; SK/*Wolters*, § 316b Rn. 9

§ 316c Angriffe auf den Luft- und Seeverkehr

1	Sind bloße Überredung oder Bestechung des Flugkapitäns „sonstige Machenschaften"?	– **e.M.:** Ja, Machenschaften sind auch „Komplott" und „Verschwörung". **(dagg.)** Der Begriff ist teleologisch so zu reduzieren, dass freiwillige Entscheidung des Piloten ausscheiden. – **h.M.:** Nein (anders, wenn der Bordmechaniker bestochen wird, den Piloten mit einer erfundenen Schadensmeldung zur Zwischenlandung zu bringen). **Zur Vertiefung:** *Fischer*, § 316c Rn. 9; *Joecks/Jäger*, § 316c Rn. 1; Lackner/Kühl/*Heger*, § 316c Rn. 7
2	Liegt ein Gebrauchen i.S.d. § 316c I Nr. 2 auch vor, wenn die Schusswaffe als Drohmittel eingesetzt wird?	– **e.M.:** Ja, Drohen reicht (wie beim Verwenden i.S.d. § 250 II Nr. 1). **(dagg.)** Der Angriff auf die Entschlussfreiheit einer Person (Drohung) fällt schon

	unter Nr. 1 – „um zu zerstören oder zu beschädigen“ muss tatsächlich geschossen werden. – **a.M.:** Nein, sie muss bestimmungsgemäß (nicht nur als Schlagwerkzeug) verwendet werden. **Zur Vertiefung:** *Fischer*, § 316c Rn. 12; SSW/*Ernemann*, § 316c Rn. 10	
Kann auch ein Tatbeteiligter ein „anderer Mensch“ i.S.d. § 316c III sein?	– **e.M.:** Ja, der Wortlaut schließt niemanden aus. **(dagg.)** Wer die Norm verletzt, kann nicht zugleich durch die Norm geschützt sein (Konfusionsargument) – im Übrigen würde es sich für ihn nach allgemeinen Regeln um eine „eigenverantwortete Selbstgefährdung“ handeln. – **h.M.:** Nein, wie bei §§ 251, 306a II, 306b, 307 III, 308 III usw. **Zur Vertiefung:** Lackner/Kühl/*Heger*, § 316c Rn. 12; SSW/*Ernemann*, § 316c Rn. 11	**3**
Reicht für § 316c IV schon der Kauf von Benzin, Streichhölzern oder eines Weckers?	– **e.M.:** Nein, Alltagsgegenstände fallen nicht darunter. **(dagg.)** § 316c IV enthält anders als § 310 keine Beschränkung auf bestimmte Stoffe oder „besondere“ Vorrichtungen. – **h.M.:** Ja, bei entsprechender Zweckbestimmung (Zeitzünder). **Zur Vertiefung:** *Fischer*, § 316c Rn. 18; SSW/*Ernemann*, § 316c Rn. 12	**4**
Reicht für § 316c IV Vorsatz oder ist Absicht erforderlich?	– **e.M.:** Nötig ist Absicht („zur Herbeiführung“). **(dagg.)** „Zur“ bezieht sich (in beiden Fällen) nur auf die Vorbereitung einer Tat nach § 316c I und enthält keine Verschärfung der subjektiven Seite.	**5**

		– **h.M.:** Es reicht, dass der Täter weiß oder damit rechnet (dolus eventualis), dass eine Straftat nach Abs. 1 begangen werden soll. **Zur Vertiefung:** SSW/*Ernemann*, § 316c Rn. 13
6	Ist § 320 (tätige Reue) auch auf § 316c I Nr. 1 anwendbar?	– **e.M.:** Nein, insoweit handelt es sich um schlichte Tätigkeitsdelikte (bei Vorliegen nur eines Versuchs ist allerdings § 24 anwendbar). **(dagg.)** Als „Erfolg“ i.S.d. § 320 ist die Verwirklichung der beabsichtigten Tat, d.h. die Erlangung der Herrschaft über eine Schiff oder Luftfahrzeug anzusehen. – **h.M.:** Ja (bei § 316c I Nr. 2 dürfen die Explosion oder der Brand als tatbestandsmäßige Erfolge noch nicht eingetreten sein). **Zur Vertiefung:** *Fischer*, § 316c Rn. 19; SSW/*Ernemann*, § 316c Rn. 17

§ 317 Störung von Telekommunikationsanlagen

1	Erfasst § 317 auch die Zerstörung eines privaten Telefonanschlusses?	– **e.M.:** Ja, das gesamte Fernsprechnetz ist ein Kommunikationsnetz und dient damit öffentlichen Zwecken. **(dagg.)** Ein privater Telefonanschluss steht der Allgemeinheit aber gerade nicht zur Verfügung. – **a.M.:** Nein, eine private Telefonanlage (Anschluss und Endgeräte, inkl. Mobilteile, Handys usw.) fällt nicht darunter. **Zur Vertiefung:** *Fischer*, § 317 Rn. 3; *Joecks/Jäger*, § 317 Rn. 2

§ 318 Beschädigung wichtiger Anlagen

1	Erfasst § 318 auch die Wasserleitung innerhalb eines (Mehrfamilien-)Hauses?	– **e.M.:** Ja, Wortlaut. **(dagg.)** Die „Wichtigkeit“ (Überschrift) bezieht sich auf die Allgemeinheit.

	– **h.M.:** Nein, erfasst sind nur Wasserleitungen zu Häusern, nicht in Häusern. **Zur Vertiefung:** Lackner/Kühl/*Heger*, § 318 Rn. 1; *Fischer*, § 318 Rn. 3
Wird auch ein „Hindernisbereiten" von § 318 erfasst?	– **e.M.:** Ja, da Beschädigen nicht notwendig substanzverletzend sein muss. **(dagg.)** Das wird nur von §§ 315, 315b erfasst. – **a.M.:** Nein. **Zur Vertiefung:** *Fischer*, § 318 Rn. 6; Schönke/Schröder/*Hecker*, § 318 Rn. 5

2

§ 319 Baugefährdung

Ist „Abbruch" nur der vollständige Abriss eines Bauwerks?	– **e.M.:** Ja, eine Veränderung am Gebäude kann aber ein „Bau" sein. **(dagg.)** Der Wortlaut lässt mehrere Auslegungen zu. – **h.M.:** Nein, auch der Abbruch von Teilen des Bauwerks ist Abbruch. **Zur Vertiefung:** LPK/*Kindhäuser/Hilgendorf*, § 319 Rn. 5

1

§ 323a Vollrausch

Aufbauschema: § 323a Alt. 1 (Vorsätzlicher Vollrausch) 1

I. Tatbestand

1. Objektiver Tatbestand
   a) Taterfolg: Rausch
   b) Tatmittel:
      aa) Alkoholische Getränke
      bb) Berauschende Mittel
   c) Tathandlung: Sichversetzen
2. Subjektiver Tatbestand: Vorsatz
3. Objektive Bedingung der Strafbarkeit
   a) Rechtswidrige Tat (sog. Rauschtat) → *Rn. 4 ff.*
   b) (nicht ausschließbar) schuldunfähig → *Rn. 3*

II. Rechtswidrigkeit

III. Schuld

IV. Strafverfolgungsvoraussetzung

Strafantrag, § 323a III

2 **Aufbauschema: § 323a Alt. 2 (Fahrlässiger Vollrausch)**

I. Tatbestand

1. Erfolg: Rausch
2. Tatmittel:
   a) Alkoholische Getränke
   b) Berauschende Mittel
3. Tathandlung: Sichversetzen
4. Kausalität zwischen Sichversetzen und Rausch
5. Generelle/objektive Sorgfaltspflichtverletzung
   a) (Generelle) Vorhersehbarkeit des Rausches
   b) (Generelle) Vermeidbarkeit des Rausches
6. (Sonstige) Objektive Zurechnung des Rausches
7. Objektive Bedingung der Strafbarkeit
   a) Rechtswidrige Tat (sog. Rauschtat), begangen in
   b) (nicht ausschließbarer) Schuldunfähigkeit

II. Rechtswidrigkeit

III. Schuld

1. Allgemeine Schuldmerkmale
2. Individuelle/subjektive Sorgfaltspflichtverletzung
   a) (Individuelle) Vorhersehbarkeit
   b) (Individuelle) Vermeidbarkeit

IV. Strafverfolgungsvoraussetzung

Strafantrag, § 323a III

3	Ist § 323a anwendbar, wenn nicht auszuschließen ist, dass der Täter (voll) schuldfähig war?	– **e.M.:** Ja, § 323a ist „Auffangtatbestand" auch für solche Fälle. **(dagg.)** Auf die Feststellung eines „Rausches" kann aber nicht verzichtet werden. – **h.M.:** Nein, steht noch nicht einmal fest, dass sich der Täter i.S.d. § 21 „berauscht" hat, so ist er (in doppelter Anwendung von) in dubio pro reo freizusprechen (für eine

	„Wahlfeststellung" fehlt die rechtsethische Vergleichbarkeit). **Zur Vertiefung:** *Fahl*, JuS 2005, 1076 f.; *Joecks/Jäger*, § 323a Rn. 26 f.; *Rengier*, BT/2, § 41 Rn. 21 ff.	
Muss sich der Vorsatz oder der Schuldvorwurf in irgendeiner Weise auf die (konkrete) Rauschtat beziehen?	– **e.M.:** Ja, um dem Schuldprinzip zu genügen. **(dagg.)** Dann wäre die Rauschtat verkapptes Tatbestandsmerkmal und nicht objektive (außerhalb von Vorsatz und Schuld stehende) Bedingung der Strafbarkeit. – **a.M.:** Nein, weder Vorsatz noch Fahrlässigkeit sind erforderlich. **Zur Vertiefung:** *Hillenkamp/Cornelius*, Probleme BT, 20. Problem	**4**
Greift § 323a ein, wenn der Täter (rauschbedingt) einem Tatbestands- oder Erlaubnistatbestandsirrtum unterliegt?	– **e.M.:** Ja, Wortlaut. **(dagg.)** In § 323a ist ein „nur deshalb" (vor „nicht bestraft werden kann") hineinzulesen. – **h.M.:** Nein, der Täter kann in diesen Fällen schon aus anderen Gründen (§§ 16, 17) nicht wegen der (vorsätzlichen) Rauschtat bestraft werden – allerdings greift § 323a ein, wenn der Täter nur wegen §§ 20, 21 auch nicht wegen des Fahrlässigkeitsdeliktes, § 16 I 2, bestraft werden kann. **Zur Vertiefung:** *Joecks/Jäger*, § 323a Rn. 21 f.; *Otto*, BT, § 28 Rn. 9; *Rengier*, BT/2, § 41 Rn. 14, 16	**5**
Greift § 323a ein, wenn der Täter (noch im Zustand des Rausches) von der Tat zurücktritt (§ 24)?	– **e.M.:** Ja, wie soll ein „persönlicher Strafaufhebungsgrund" auf jemanden angewandt werden, der wegen Schuldunfähigkeit ohnehin nicht bestraft werden kann? **(dagg.)** Die „Subsidiaritätsklausel" (§ 323a I, letzter Halbsatz) setzt voraus, dass der Täter „nur" wegen seiner Schuldunfähigkeit nicht	**6**

		bestraft werden kann (s.o. Rn. 5) und nicht weil er die Tat aufgegeben hat. – **h.M.:** Nein (vorausgesetzt, dass „Freiwilligkeit“ trotz Verlustes der Steuerungsfähigkeit denkbar ist). **Zur Vertiefung:** *Fahl*, JuS 2005, 1076 (1079)
7	Schließt ein Rücktritt von der Rauschtat die Strafe aus, wenn er erst nach Wiedererlangung der Schuldfähigkeit erfolgt?	– **e.M.:** Nein, der Täter hat sich dann im Rausch als „gefährlich“ erwiesen. **(dagg.)** Es fehlt aber die objektive Bedingung der Strafbarkeit. – **h.M.:** Ja, der Täter kann wegen § 24 (und nicht erst wegen § 20) nicht (für die Rauschtat) bestraft werden kann (§ 323a scheidet aus). **Zur Vertiefung:** LPK/*Kindhäuser/Hilgendorf*, § 323a Rn. 21; Schönke/Schröder/*Hecker*, § 323a Rn. 19
8	In welchem Verhältnis steht § 323a zur „actio libera in causa“?	– **e.M.:** § 323a ist Spezialtatbestand – vor seiner Einführung konnte die Strafbarkeit nur mit Hilfe der „actio libera in causa“ begründet werden. **(dagg.)** Für die „actio libera in causa“ gilt der normale Strafrahmen, bei § 323a ist die Strafe höchstens 5 Jahre. – **a.M.:** Die „actio libera in causa“ geht § 323a vor, da der Täter mit ihrer Hilfe „ihretwegen“ (d.h. wegen der Rauschtat) bestraft werden kann (anders bei der „fahrlässigen“ actio libera in causa, da trotz Verwirklichung des Vorsatzdeliktes im Rauschzustand nur die Bestrafung nach dem Fahrlässigkeitstatbestand – aber nicht wegen der vorsätzlichen Rauschtat – erfolgen kann, in diesen Fällen stehen beide in Tateinheit, § 52). **(dagg.)** Die „actio libera in causa“ ist mit dem Schuldgrundsatz unvereinbar.

	– **h.M.:** Wegen Verstoßes gegen den Schuldgrundsatz ist die „actio libera in causa" von vornherein unanwendbar (§ 323a ist dagegen mit dem Schuldgrundsatz vereinbar). **Zur Vertiefung:** *Fahl*, JuS 2005, 1076 ff.; *Joecks/Jäger*, § 323a Rn. 32 ff., 38	
Kommt § 323c I als Rauschtat in Betracht?	– **e.M.:** Nein, anders als die Garantenpflichten (§ 13) ist das Entstehen der allgemeinen Hilfepflicht nicht schon vor dem Berauschen voraussehbar; niemanden trifft die Pflicht sich jederzeit bereit zu halten. **(dagg.)** Welche (Unterlassungs-)Straftat im Rausch begangen wird, ist egal. – **h.M.:** Ja, freilich ist § 323c I schon dem Wortlaut nach ausgeschlossen, wenn dem Täter (wegen seines Rausches) Hilfe nicht „möglich" ist. **Zur Vertiefung:** NK/*Paeffgen*, § 323a Rn. 70; *Ranft*, JA 1983, 239 (241); *Wessels/Hettinger/Engländer*, Rn. 1146	**9**
Ist Teilnahme (§§ 26, 27) am Vollrausch (§ 323a) möglich?	– **e.M.:** Nein, Sinn der Vorschrift ist, dem Täter die Pflicht zur Selbstkontrolle aufzuerlegen, nicht Gastwirten und Zechgenossen die Pflicht zur Kontrolle über den Täter. **(dagg.)** Diese Pflicht haben Gastwirte auch aufgrund von § 13. – **h.M.:** Ja (dagegen sollen Mittäterschaft und mittelbare Täterschaft ausgeschlossen sein, eigenhändiges Delikt). **Zur Vertiefung:** *Fahl*, JuS 2005, 1076 (1081); *Joecks/Jäger*, § 323a Rn. 30 f.; Lackner/Kühl/*Heger*, § 323a Rn. 17	**10**

§ 323b Gefährdung einer Entziehungskur

1	Ist „ohne Erlaubnis“ in § 323b Tatbestandsmerkmal?	– **e.M.:** Nein, eine „Erlaubnis“ betrifft immer die Rechtswidrigkeit. **(dagg.)** Das trifft schon auf das tatbestandsausschließende Einverständnis nicht zu. – **h.M.:** Ja. **Zur Vertiefung:** *Fischer*, § 323b Rn. 3
2	Schließt die Erlaubnis des Anstaltsleiters die Strafbarkeit auch dann aus, wenn sie „materiell“ nicht hätte erteilt werden dürfen?	– **e.M.:** Nein, nur wenn sie medizinisch indiziert ist. **(dagg.)** Der Gesetzgeber wollte dem verantwortlichen Therapeuten einen Beurteilungsspielraum einräumen. – **h.M.:** Ja, der Anstaltsleiter selbst kann daher die Tat nicht begehen. **Zur Vertiefung:** *Fischer*, § 323b Rn. 3; SSW/*Schöch*, § 323b Rn. 5
3	Setzt das „Verleiten“ i.S.d. § 323b voraus, dass der Verleitete gutgläubig ist?	– **e.M.:** Ja, Verleiten ist lediglich Ersatz dafür, dass mittelbare Täterschaft (§ 25 I Alt. 2) bei Eigenhändigkeit (Genuss) nicht möglich ist. **(dagg.)** Auch bei § 160 ist Gutgläubigkeit nicht zwingend (s. § 160 Rn. 2). – **h.M.:** Nein, „bestimmendes Einwirken“ reicht aus (selbst beim omnimodo facturus). **Zur Vertiefung:** Lackner/Kühl/*Heger*, § 323b Rn. 3; SSW/*Schöch*, § 323b Rn. 4
4	In welchem Verhältnis steht die Gefährdung einer Entziehungskur zur Strafvereitelung gem. § 258 II?	– **e.M.:** Die Maßregel „Unterbringung in einer Entziehungsanstalt“ (§ 64) wird auch dann nicht vereitelt, wenn der Behandlungserfolg gefährdet ist. **(dagg.)** Die Unterbringung ist kein Selbstzweck. – **h.M.:** Zwischen § 258 II (§§ 258, 22) und § 323b besteht Tateinheit (§ 52). **Zur Vertiefung:** LPK/*Kindhäuser/Hilgendorf*, § 323b Rn. 4; SK/*Wolters*, § 323b Rn. 13

§ 323c I Unterlassene Hilfeleistung

Aufbauschema 1

I. Tatbestand

1. Objektiver Tatbestand
   - a) Tatsituation
     - aa) Unglücksfall → *Rn. 2 ff.*
     - bb) Gemeine Gefahr
     - cc) Gemeine Not
   - b) Tathandlung
     - Abs. 1: aa) Hilfe
       - (1) Erforderlich → *Rn. 6*
       - (2) Möglich → *Rn. 9*
       - (3) Zumutbar → *Rn. 7 f.*
     - bb) Nicht leisten → *Rn. 10 f.*
     - Abs. 2: aa) Behindern
     - bb) Personen, die Hilfe leisten oder leisten wollen
2. Subjektiver Tatbestand

II. Rechtswidrigkeit

III. Schuld

Wird „ex-post“ oder „ex-ante“ beurteilt, ob ein Unglücksfall vorliegt?	– **e.M.:** Maßgeblich ist die Sicht desjenigen, der in die Pflicht genommen wird, er muss „ex ante“ („ex situatione“) entscheiden. **(dagg.)** Ein objektiv fehlendes Schutzbedürfnis kann keine strafbewehrte Hilfeleistungspflicht nach sich ziehen. – **h.M.:** Entscheidend ist die Sicht „ex post“ (anders evtl. bei der Frage, ob Hilfe „erforderlich“ ist). **Zur Vertiefung:** *Joecks/Jäger*, § 323c Rn. 8 f.; *Küper/Zopfs*, BT, Rn. 534; *Rengier*, BT/2, § 42 Rn. 4	2
Besteht ein Unglücksfall auch bei bloßer Sachgefahr?	– **e.M.:** Nein, eine allgemeine Hilfeleistungspflicht in Bezug auf Sachen würde nur die Versicherungen entlasten. **(dagg.)** Die Zerstörung bedeutender Sachwerte kann eine existentielle Bedrohung für eine Person darstellen.	3

		– **a.M.:** Nein, Sachgefahren sind nur bei der „gemeinen Gefahr" zu berücksichtigen. **(dagg.)** Für die Beschränkung besteht nach der Definition kein Anlass. – **h.M.:** Ja, bei Erheblichkeit (Bagatellgrenze). **Zur Vertiefung:** *Joecks/Jäger*, § 323c Rn. 6 f.; LPK/*Kindhäuser/Hilgendorf*, § 323c Rn. 5
4	Ist ein (beabsichtigter) Selbstmord ein Unglücksfall?	– **e.M.:** Nein, er ist nicht „unerwartet". **(arg.)** Sonst würde die Straflosigkeit der Teilnahme am Suizid unterlaufen. **(dagg.)** Die Hilfeleistungspflicht richtet sich an Außenstehende, die nicht erkennen können, worum es geht. – **h.M.:** Ja, es kann aber an der „Zumutbarkeit" des Eingreifens fehlen. **Zur Vertiefung:** Lackner/Kühl/*Kühl*, § 323c Rn. 2; *Küper/Zopfs*, BT, Rn. 537 f.; LPK/*Kindhäuser/Hilgendorf*, § 323c Rn. 7 f.
5	Beschränkt sich die Hilfeleistungspflicht auf Personen, die sich am Unglücksort befinden?	– **e.M.:** Ja, „bei Unglücksfällen" ist räumlich zu verstehen (am oder in unmittelbarer Nähe vom Unglücksort). **(dagg.)** Der Wortlaut kann auch als „anlässlich von" verstanden werden. – **h.M.:** Nein, die Hilfeleistungspflicht ist nicht anders als durch die „Möglichkeit", „Zumutbarkeit" und „Erforderlichkeit" der Hilfe begrenzt. **Zur Vertiefung:** *Joecks/Jäger*, § 323c Rn. 20 ff.
6	Entfällt die Hilfeleistungspflicht, wenn der Hilfsbedürftige sie ablehnt?	– **e.M.:** Nein, zumindest wenn sich die Person in Lebensgefahr befindet; das Rechtsgut „Leben" ist nicht disponibel (arg. ex § 216). **(dagg.)** § 323c ist keine Ermächtigungsgrundlage für Zwangsbehandlungen, der Wille des Betroffenen ist zu akzeptieren

	(ähnlich wie bei der aufgedrängten Nothilfe). – **h.M.:** Ja, dann ist Hilfe schon nicht erforderlich (bzw. entfällt die Rechtswidrigkeit). **Zur Vertiefung:** *Fischer*, 323c Rn. 32; *Joecks/Jäger*, § 323c Rn. 23 ff.; SSW/*Schöch*, § 323c Rn. 16	
Ist die Zumutbarkeit bei § 323c I Tatbestandsmerkmal?	– **e.M.:** Nein, Unzumutbarkeit ist (wie sonst) Entschuldigungsgrund (s. § 13 Rn. 11). **(dagg.)** Eine allgemeine, strafbewehrte Hilfeleistungspflicht bei Unzumutbarkeit ist nicht zu begründen. – **h.M.:** Ja, die „Zumutbarkeit" gehört hier zum Tatbestand. **Zur Vertiefung:** *Joecks/Jäger*, § 323c Rn. 26 f.; LPK/*Kindhäuser/Hilgendorf*, § 323c Rn. 15; *Wessels/Hettinger/ Engländer*, Rn. 1160	**7**
Unter welchen Umständen begründet die Gefahr, sich der Strafverfolgung auszusetzen, die Unzumutbarkeit der Hilfeleistung?	– **e.M.:** Unter keinen Umständen, die allgemeine Hilfeleistungspflicht trifft alle Bürger gleichermaßen. **(dagg.)** Niemand muss sich selbst belasten (nemo tenetur se ipsum accusare) oder einen Angehörigen. – **h.M.:** Jedenfalls dann, wenn die Straftat in keinem Zusammenhang mit dem Unglücksfall steht (und eine risikolose Hilfeleistung, z.B. anonyme Alarmierung eines Rettungswagens, unmöglich ist). **Zur Vertiefung:** *Fahl*, Strafrechtskino, S. 71; *Beulke*, KK III, Rn. 592; *Joecks/Jäger*, § 323c Rn. 32 ff.	**8**
Was gilt, wenn eine Hilfeleistungspflicht aus § 323c I und eine Hilfeleistungspflicht aus § 13 in der Weise zusammentreffen, dass der Täter nur eine erfüllen kann?	– **e.M.:** Es gelten die Grundsätze der rechtfertigenden Pflichtenkollision. Wenn die Rechtsgüter gleichwertig sind, besteht ein Wahlrecht, welche Pflicht erfüllt wird. **(dagg.)** Nicht die betroffenen Rechtsgüter, sondern die kollidierenden Pflichten müssen gleichwertig sein; die allgemeine Hilfspflicht kommt aber gar nicht zustande,	**9**

		wenn dem Täter die Hilfe nicht „ohne Verletzung anderer wichtiger Pflichten" möglich ist (Wortlaut). – **h.M.:** Die Garantenpflicht geht vor, ein Garant muss die Person retten, für die er Garant ist. **Zur Vertiefung:** *Joecks/Jäger*, § 323c Rn. 40 ff.; *Wessels/Beulke/Satzger*, Rn. 1212
10	Ist § 323c I erfüllt, wenn der Täter nach kurzem Zögern doch Hilfe leistet?	– **e.M.:** Nein, der Hilfspflicht ist genügt, wenn die Hilfe „rechtzeitig" erfolgt. **(arg.)** Wenn beim unechten Unterlassungsdelikt der Versuch erst mit Verschlechterung des Zustandes der Situation für das Opfers beginnt, dann kann beim echten Unterlassungsdelikt ohne dies nicht sogar schon Vollendung eintreten. **(dagg.)** Durch die Verzögerung wird aber das Risiko für den Hilfsbedürftigen erhöht. – **h.M.:** Ja, die Hilfe hat sofort bzw. unverzüglich (Schrecksekunde) zu erfolgen. **Zur Vertiefung:** *Rengier*, BT/2, § 42 Rn. 19; SK/*Stein*, § 323c Rn. 29
11	Wird der Täter, der nach kurzer Zeit doch Hilfe leistet (z.B. an der Unfallstelle vorbeifährt, aber umkehrt), in Analogie zu den Vorschriften der „tätigen Reue" straflos?	– **e.M.:** Ja (unabhängig vom Eintritt einer Verschlechterung für das Opfer). **(dagg.)** Einer Analogie zu den Vorschriften der „tätigen Reue" steht deren Ausnahmecharakter entgegen. – **h.M.:** Nein, es ist aber im Rahmen der Strafzumessung gem. § 46 II 2 (Nachtatverhalten) zu berücksichtigen. **Zur Vertiefung:** Lackner/Kühl/*Kühl*, § 323c Rn. 11; LPK/*Kindhäuser/Hilgendorf*, § 323c Rn. 19; *Rengier*, BT/2, § 42 Rn. 20
12	In welchem Verhältnis steht § 323c I zu einem fahrlässig verwirklichten unechten Unterlassungsdelikt (z.B. §§ 222, 13)?	– **e.M.:** Als echtes Unterlassungsdelikt ist § 323c subsidiär. **(dagg.)** Das gilt nur im Verhältnis zum vorsätzlichen unechten Unterlassungsdelikt.

	– **a.M.:** Das Fahrlässigkeitsdelikt ist subsidiär zum Vorsatzdelikt (minus bzw. normatives Stufenverhältnis). **(dagg.)** Das gilt nur im Bezug auf denselben Erfolg (z.B. §§ 222, 13 zu §§ 212, 13). – **h.M.:** Tateinheit (§ 52). **Zur Vertiefung:** *Geppert*, Jura 2005, 39 (48); SSW/*Schöch*, § 323c Rn. 29	
In welchem Verhältnis steht § 323c I zu dem gleichzeitig verwirklichten versuchten unechten Unterlassungsdelikt?	– **e.M.:** § 323c tritt als subsidiär zurück. **(dagg.)** Bei der Verurteilung (nur) wegen Versuchs käme nicht zum Ausdruck, dass § 323c sogar vollendet wurde (Klarstellungsfunktion). – **a.M.:** Tateinheit (§ 52). **Zur Vertiefung:** *Geppert*, Jura 2005, 39 (48); SSW/*Schöch*, § 323c Rn. 29	**13**
Wie macht sich derjenige strafbar, der es zwar zulässt, dass ein anderer einen Rettungsring ins Wasser wirft, den Rettungsring aber sogleich wieder herausfischt, bevor der Ertrinkende ihn erreichen kann?	– **e.M.:** Nach § 323c I. **(arg.)** Der § 323c I kann gleichermaßsen durch Tun wir durch Unterlassen verwirklicht werden. **(dagg.)** Bei § 323c I handelt es sich (nach wie vor) um ein echtes Unterlassungsdelikt. – **a.M.:** Nach § 323c II; der ratio legis nach muss auch dieser Fall erfasst sein. **(dagg.)** Nach dem eindeutigen Wortlaut wird aber keine hilfswillige Person behindert. Das Zunichtemachen der Rettungsbemühungen ist dem Behindern nicht gleichzusetzen (Analogieverbot). – **a.M.:** Nach § 323c gar nicht, sondern nur nach anderen Vorschriften, z.B. §§ 212 (, 13), 22. **Zur Vertiefung:** MüKo/*Freund*, § 323c Rn. 137 ff.	**14**

§ 324 Gewässerverunreinigung

1 **Aufbauschema**

I. Tatbestand
- 1. Objektiver Tatbestand
  - a) Tatobjekt: Gewässer
  - b) Tathandlung/Erfolg
    - aa) Alt. 1: Verunreinigen → *Rn. 4, 6*
    - bb) Alt. 2: Nachteilige Veränderung → *Rn. 5*
- 2. Subjektiver Tatbestand

II. Rechtswidrigkeit („unbefugt") → *Rn. 7 ff.*

III. Schuld

IV. Strafzumessung

Besonders schwere Fälle, § 330 I (Regelbeispiele)

Beachte: *Qualifikation, § 330 II Nr. 1; Erfolgsqualifikation, § 330 II Nr. 2 Fahrlässigkeitsdelikt, § 324 III*

Rn.	Frage	Antwort
2	Ist ein Amtsträger der Umweltbehörde, der gegen Umweltverschmutzungen nicht einschreitet, z.B. einen fehlerhaften oder fehlerhaft gewordenen („veralteten") Verwaltungsakt nicht zurücknimmt, Garant (§ 13) für die Umwelt?	– **e.M.:** Nein, es besteht kein für eine Garantenstellung typisches Verhältnis zwischen der Umwelt und Personen. **(dagg.)** Der Schutz der Ökologie ist der Umweltbehörde von der Allgemeinheit anvertraut worden. – **h.M.:** Ja, Beschützergarant. **Zur Vertiefung:** *Joecks/Jäger*, Vor § 324 Rn. 13 f., 13 ff.; LPK/*Kindhäuser/Hilgendorf*, § 324 Rn. 13, 16; *Rengier*, BT/2, § 47 Rn. 27 ff.
3	Ist mittelbarer Täter (§ 25 I Alt. 2) einer Umweltverschmutzung i.S.d. §§ 324 ff., wer als Amtsträger vorsätzlich eine fehlerhafte Genehmigung erteilt?	– **e.M.:** Nein, er hat weder eine Wissens- noch Willensüberlegenheit. **(dagg.)** Der Amtsträger hebt durch seine Genehmigung ein Verbot auf und ermöglicht dadurch eine gerechtfertigte Umweltverschmutzung. – **h.M.:** Ja, der Amtsträger ist mittelbarer Täter (§§ 26, 27 scheiden aus, da die Tat

	infolge der Genehmigung rechtmäßig ist, sog. Verwaltungsakzessorietät). **Zur Vertiefung:** Lackner/Kühl/*Heger*, Vor § 324 Rn. 10; LPK/*Kindhäuser/Hilgendorf*, § 324 Rn. 14; *Rengier*, BT/2, § 47 Rn. 25 f.	
Setzt auch die „Verunreinigung" eine Veränderung der Wasserqualität voraus?	– **e.M.:** Nein, z.B. wenn jemand zerbrochenes Glas ins Wasser kippt, so dass dort über mehrere Wochen nicht gebadet werden kann. **(dagg.)** Verunreinigung ist nur ein Unterfall der nachteiligen Veränderung. – **h.M.:** Ja, erforderlich ist ein Minus an Wassergüte (konkrete Nachteile, wie z.B. ein Fischsterben, sind aber nicht erforderlich). **Zur Vertiefung:** *Joecks/Jäger*, § 324 Rn. 5 f.; Schönke/Schröder/*Heine/Schittenhelm*, § 324 Rn. 9	4
Können auch thermische Veränderungen (z.B. das Einleiten von Kühlwasser) „nachteilige Veränderungen" sein?	– **e.M.:** Nein, nur physikalische, chemische oder biologische Veränderungen; sonst ist der Tatbestand uferlos. **(dagg.)** Das ist aber gleich schlimm. – **a.M.:** Ja (auch § 325 erfasst thermische Veränderungen). **Zur Vertiefung:** LPK/*Kindhäuser/Hilgendorf*, § 324 Rn. 2; Lackner/Kühl/*Heger*, § 324 Rn. 5	5
Erfüllt das Ausleeren einer Cola- oder Milchflasche oder das Ausschwenken eines Kochtopfes im Wasser den Tatbestand?	– **e.M.:** Ja, die Wendung „in bedeutendem Umfang" (§ 324a I Nr. 2) fehlt hier. **(dagg.)** Allgemein gilt: De minimis non curat praetor. – **a.M.:** Nein, die Erheblichkeitsschwelle muss überschritten sein (sog. Bagatellgrenze). **Zur Vertiefung:** *Kudlich*, BT/2, Nr. 220; *Rengier*, BT/2, § 48 Rn. 8	6

7	Ist „unbefugt" in § 324 (bzw. § 326) Rechtswidrigkeits- oder Tatbestandsmerkmal?	– **e.M.:** Tatbestandsmerkmal **(dagg.)** Allgemeiner Sprachgebrauch („unbefugt" = „rechtswidrig") – **h.M.:** Rechtswidrigkeitsmerkmal. **Zur Vertiefung:** LPK/*Kindhäuser/Hilgendorf*, § 324 Rn. 7; NK/*Ransiek*, § 324 Rn. 21
8	Kann eine Umweltverschmutzung mit § 34 gerechtfertigt werden?	– **e.M.:** Nein, rechtfertigend oder tatbestandsausschließend wirkt nur die verwaltungsrechtliche Genehmigung oder Erlaubnis. **(dagg.)** Not kennt kein Gebot. – **h.M.:** Ja, in Katastrophenfällen (Verwendung chemischer Mittel zur Bindung ausgelaufenen Öls), aber z.B. nicht mit der Rettung von Arbeitsplätzen, Aufrechterhaltung der Produktion oder Versorgung der Bevölkerung mit wichtigen Gütern usw. **Zur Vertiefung:** *Rengier*, BT/2, § 48 Rn. 10
9	Ist eine Tathandlung unbefugt, die auf einer fehlerhaften, aber nicht nichtigen (materiell rechtswidrigen, jedoch formell wirksamen) Erlaubnis beruht?	– **e.M.:** Ja, die Unbefugtheit bestimmt sich allein nach dem materiellen Verwaltungsrecht („Verwaltungsrechtsakzessorietät"). **(dagg.)** Nach allgemeinem Verwaltungsrecht entfalten auch rechtswidrige Verwaltungsakte Bindungswirkung (zu beachten ist aber § 330d Nr. 5 bei Drohung, Bestechung oder Kollusion). – **h.M.:** Nein („Verwaltungsaktsakzessorietät"). **Zur Vertiefung:** *Joecks/Jäger*, § 324 Rn. 8 f.; *Rengier*, BT/2, § 47 Rn. 18 f.

§ 324a Bodenverunreinigung

Ist die „Verletzung verwaltungsrechtlicher Pflichten“ in § 324a (bzw. § 325) Rechtswidrigkeits- oder Tatbestandsmerkmal?	– **e.M.:** Rechtswidrigkeitsmerkmal (wie „unbefugt“, s.o. § 324 Rn. 7). **(dagg.)** Bei verwaltungsrechtlich pflichtgemäßem Verhalten liegt schon keine Rechtsgutsverletzung vor (Verwaltungsakzessorietät). – **h.M.:** Tatbestandsmerkmal (wie „ohne die erforderliche Genehmigung“ in §§ 327, 328 I) – ein diesbezüglicher Irrtum ist Tatbestandsirrtum, § 16. **Zur Vertiefung:** SSW/*Saliger*, § 324a Rn. 19	**1**
Setzt „Eindringenlassen“ eine Garantenstellung (§ 13) voraus?	– **e.M.:** Nein, es handelt sich um ein echtes Unterlassungsdelikt (ohne § 13). **(dagg.)** Es handelt sich um ein unechtes Unterlassungsdelikt. – **a.M.:** Ja (eine solche ergibt sich grds. aus der Herrschaft über die Gefahrenquelle, z.B. ein mit Altlasten verseuchtes Grundstück). **Zur Vertiefung:** *Rengier*, BT/2, § 48 Rn. 12; SSW/*Saliger*, § 324a Rn. 9, 18	**2**
Ist der „bedeutende Wert“ der Sache bei § 324a I Nr. 1 (bzw. § 325 I, IV Nr. 1, § 325a II) rein wirtschaftlich zu verstehen?	– **e.M.:** Ja, rein ökonomisch (wie in §§ 248a, 243 II, 315, 315c). **(dagg.)** „Bedeutend“ ist im Kontext der jeweiligen Norm auszulegen. – **h.M.:** Nein, hier spielen auch ökologische und historische (kulturelle) Interessen eine Rolle. **Zur Vertiefung:** SSW/*Saliger*, § 325a Rn. 10	**3**

4	Muss auch der einer „Sache von bedeutendem Wert“ drohende Schaden bei § 324a I Nr. 1 (bzw. § 325 I, IV Nr. 1, § 325a II) bedeutend gewesen sein?	– **e.M.:** Nein, Wortlaut. **(dagg.)** Einheitlichkeit mit § 315c (s.o. § 315c Rn. 16). – **h.M.:** Ja. **Zur Vertiefung:** Lackner/Kühl/*Heger*, § 325 Rn. 13; *Fischer*, § 325 Rn. 2
5	Wie ist der „bedeutende Umfang“ i.S.d. § 324a I Nr. 2 zu bestimmen?	– **e.M.:** Rein quantitativ (durch die Menge). **(dagg.)** Dann würde schon eine große Menge von Sägespäne ausreichen. – **a.M.:** Rein qualitativ (durch die Intensität der Verschmutzung). **(dagg.)** Dann würde schon eine kleine Menge von Säure (Taschenlampenbatterie) ausreichen. – **a.M.:** Alternativ durch die (große) Menge *oder* (hohe) Intensität. **(dagg.)** § 324a I Nr. 2 soll im Gewicht § 324a I Nr. 1 entsprechen. – **a.M.:** Kumulativ durch eine quantitative *und* qualitative Komponente. **Zur Vertiefung:** *Rengier*, BT/2, § 48 Rn. 13
6	Ist § 324a (bzw. § 326a III) ein Sonderdelikt für den Adressaten der verwaltungsrechtlichen Pflicht?	– **e.M.:** Ja, Nicht-Adressaten (Amtsträger) können daher allenfalls Teilnehmer (§§ 26, 27) sein. **(dagg.)** Der Wortlaut enthält keine Beschränkung. – **h.M.:** Nein, ein von jedermann begehbares Allgemeindelikt. **Zur Vertiefung:** Lackner/Kühl/*Heger*, § 324a Rn. 1; SSW/*Saliger*, § 324a Rn. 21
7	Ist die Eigenschaft, Adressat der verwaltungsrechtlichen Pflichten zu sein (§§ 324a ff.), besonderes persönliches Merkmal i.S.d. § 28 I?	– **e.M.:** Ja. **(dagg.)** Die Anknüpfung der Strafbarkeit an die verwaltungsrechtliche Pflichtenstellung dient nur zur Kennzeichnung des Unrechts.

	– **h.M.:** Nein (keine obligatorische Strafmilderung für Teilnehmer). **Zur Vertiefung:** SSW/*Saliger*, § 324a Rn. 21

§ 325 Luftverunreinigung

Schützt § 325 auch die ausländische Luft?	– **e.M.:** Nein, nur die inländische. **(dagg.)** Das ist gerade bei der Luft kaum möglich. – **h.M.:** Ja. **Zur Vertiefung:** MüKo/*Schmitz*, Vor §§ 324 ff. Rn. 155 ff.	1
Sind §§ 325, 325a reine Sonderdelikte für Anlagenbetreiber?	– **e.M.:** Nein, wie § 324a (s.o. § 324a Rn. 6). **(dagg.)** Zu der (grds. jedermann möglichen) Verletzung verwaltungsrechtlicher Pflichten kommt hier das Merkmal „beim Betrieb einer Anlage“ hinzu. – **h.M.:** Ja, Nicht-Betreiber (Amtsträger) können daher allenfalls Teilnehmer sein (wie bei § 327). **Zur Vertiefung:** SSW/*Saliger*, § 325 Rn. 25	2
Ist § 28 I auf teilnehmende Nicht-Betreiber (§§ 325, 325a) anwendbar?	– **e.M.:** Ja, die Betreibereigenschaft ist besonderes persönliches Merkmal. **(dagg.)** Die dem Täter obliegenden verwaltungsrechtlichen Pflichten sind keine personalen Merkmale, sondern sachbezogene. – **h.M.:** Nein. **Zur Vertiefung:** Schönke/Schröder/*Heine/Schittenhelm*, § 325 Rn. 30	3
In welchem Verhältnis steht § 325 zu § 327 II (Unerlaubtes Betreiben von Anlagen)?	– **e.M.:** § 325 ist lex specialis für Luftverschmutzungen bei Betrieb einer Anlage. **(dagg.)** Bei § 327 II Nr. 1 tritt der Verstoß gegen die Genehmigungspflicht oder die Untersagungsanordnung hinzu (Klarstellungsfunktion).	4

	– **h.M.:** Tateinheit, § 52 (wie § 324 zu § 327 II). **Zur Vertiefung:** Lackner/Kühl/*Heger*, § 325 Rn. 19; Schönke/Schröder/*Heine/Schittenhelm*, § 325 Rn. 31

§ 325a Verursachen von Lärm, Erschütterungen und nichtionisierenden Strahlen

Nr.	Frage	Antwort
1	Spielt bei § 325a I auch eine Lärmüberempfindlichkeit eine Rolle?	– **e.M.:** Ja, z.B. bei Nähe von Altenheimen, Krankenhäusern etc. **(dagg.)** Das entsprach nicht dem Willen des Gesetzgebers. – **h.M.:** Nein, abzustellen ist auf den normal lärmempfindlichen Menschen. **Zur Vertiefung:** MüKo/*Alt*, § 325a Rn. 11; SSW/*Saliger*, § 325a Rn. 4
2	Sind Anlagen i.S.d. § 325a I auch Musikinstrumente?	– **e.M.:** Ja, z.B. bei Spielmannszügen. **(dagg.)** Sozialadäquanz – **a.M.:** Nein, soweit unverstärkt und nicht ortsgebunden (z.B. Glockenspiel). **Zur Vertiefung:** Schönke/Schröder/*Heine/Schittenhelm*, § 325a Rn. 4; SSW/*Saliger*, § 325a Rn. 7
3	Umfasst § 325a II auch den Schutz wild lebender Tiere?	– **e.M.:** Nein, Tiere sind Sachen und müssen daher „fremd" sein. **(dagg.)** Auch herrenlose Tiere „gehören" nicht dem Täter. – **h.M.:** Ja, Wortlaut. **Zur Vertiefung:** *Fischer*, § 325a Rn. 8; SSW/*Saliger*, § 325a Rn. 10
4	Müssen die gefährdeten Tiere von besonderem Wert sein?	– **e.M.:** Nein, das bezieht sich nur auf die Sachen, nicht auf die Tiere. **(dagg.)** Der Wortlaut ist mehrdeutig. – **h.M.:** Ja, wie bei § 325. **Zur Vertiefung:** SSW/*Saliger*, § 325a Rn. 10

Ist bei § 325a I eine rechtfertigende Einwilligung möglich?	– **e.M.:** Nein, wie bei Abs. 2. **(dagg.)** Anders als Abs. 2 dient Abs. 1 nur dem Schutz der Menschen. – **h.M.:** Ja. **Zur Vertiefung:** SSW/*Saliger*, § 325a Rn. 14	**5**

§ 326 Unerlaubter Umgang mit gefährlichen Abfällen

Betrifft § 326 nur Abfälle zur Beseitigung oder auch Abfälle zur Verwertung (Recycling)?	– **e.M.:** Nein, nur Abfällen zur Beseitigung („sonst beseitigt"). **(dagg.)** Der Gesetzgeber hat die Deliktsüberschrift „Umweltgefährdende Abfall*beseitigung*" eigens geändert in: „Unerlaubter *Umgang* mit gefährlichen Abfällen". – **h.M.:** Ja, auch Abfälle zur Verwertung. **Zur Vertiefung:** Lackner/Kühl/*Heger*, § 326 Rn. 2a; SSW/*Saliger*, § 326 Rn. 9	**1**
Greift § 326 I Nr. 4 auch dann ein, wenn der Abfall dort, wo er hingelangt ist, Wasser Luft oder Boden gar nicht gefährden kann?	– **e.M.:** Nein, Wortlaut (Eignungsklausel). **(dagg.)** Bei der Beurteilung der Eignung darf nur die „Art, Beschaffenheit oder Menge" des Abfalls eine Rolle spielen, nicht der Ablageort (abstraktes Gefährdungsdelikt). – **a.M.:** Ja, aber ein nur im Wasser gefährlicher Stoff muss zumindest ins Wasser und nicht bloß in den Boden gelangt sein (usw.). **(dagg.)** Das ist nicht abgrenzbar (Grundwasser) und dem Gesetz auch nicht zu entnehmen. – **a.M.:** Ja. **Zur Vertiefung:** *Fischer*, § 326 Rn. 25; *Rengier*, BT/2, § 48 Rn. 25 ff.; SSW/*Saliger*, § 326 Rn. 33	**2**

3	Spielt bei Autowracks der Zustand von Flüssigkeitsbehältnissen z.B. Tank) und Leitungen (Öl-, Benzinleitung; Bremsschläuche etc.) eine Rolle?	– **e.M.:** Ja, das gehört zu „Art“ und „Beschaffenheit“. **(dagg.)** Es kommt nicht auf das Behältnis an, in dem sich die Flüssigkeit befindet, sondern auf „Art, Beschaffenheit oder Menge“ der Flüssigkeit. – **a.M.:** Nein. **Zur Vertiefung:** *Rengier*, BT/2, § 48 Rn. 27a; SSW/*Saliger*, § 326 Rn. 35
4	Trifft den Grundeigentümer eine Pflicht (§ 13), Dritte zu hindern, sein Grundstück als „wilde Müllkippe“ zu missbrauchen (bzw. dort abgelagerten wilden Müll zu beseitigen)?	– **e.M.:** Nein, das ist das eigenverantwortliche Dazwischentreten eines Dritten. **(dagg.)** Auch dieses unterbricht die Zurechnung nur, wenn es sich um einen „völlig atypischen“ Kausalverlauf handelt (s. Vor § 1 Rn. 13). – **a.M.:** Ja, falls er in anreizend wirkender Weise nutzlose Dinge für Außenstehende sichtbar auf dem Grundstück gelagert und dieses nicht eingefriedet hat. **Zur Vertiefung:** SSW/*Saliger*, § 326 Rn. 39
5	Ist die „Minima-Klausel“ des § 326 VI von den Vorstellungen des Täters abhängig?	– **e.M.:** Ja, bei Irrtümern gilt § 16. **(dagg.)** Der Strafausschließungsgrund dient lediglich Zweckmäßigkeitserwägungen. – **h.M.:** Nein, entscheidend ist allein die objektive Lage. Zweifel bei der Beurteilung, nicht über die der Beurteilung zugrunde liegenden Tatsachen (insoweit gilt „in dubio pro reo“), gehen zu Lasten des Täters (Wortlaut: „offensichtlich“). **Zur Vertiefung:** *Joecks/Jäger*, § 326 Rn. 6; *Lackner/Kühl*, § 326 Rn 12

§ 327 Unerlaubtes Betreiben von Anlagen

1	Ist eine „Vorabzustimmung“ eine Genehmigung i.S.d. § 327?	– **e.M.:** Ja, nicht nur die atomrechtliche Genehmigung selbst.

	(dagg.) Dem widerspricht schon der Name: „vorab“. – **h.M.:** Nein (das gilt auch für Gestattungsakte wie Zusicherungen oder öffentlich-rechtliche Verträge), sie kann allerdings einen Rechtfertigungsgrund abgeben. **Zur Vertiefung:** *Fischer*, § 327 Rn. 5; NK/*Ransiek*, § 327 Rn. 9 Fn. 24; Schönke/Schröder/*Heine/Schittenhelm*, § 327 Rn. 12	
Fallen auch Handlungen, die lediglich den Zweck verfolgen, eine Anlage unmittelbar in Gang zu setzen, unter das „Betreiben“?	– **e.M.:** Ja, der Wortlaut ist weit genug. **(dagg.)** Betreiben heißt bestimmungsgemäß nutzen, nicht Ingangsetzen. – **h.M.:** Nein (u.U. greift aber § 327 I Nr. 1 Var. 2). **Zur Vertiefung:** SK/*Schall*, § 327 Rn. 19 f., 50; SSW/*Saliger*, § 327 Rn. 5	**2**
Ist eine Änderung nur dann „wesentlich“, wenn sich dadurch die von der Anlage ausgehende Gefahr erhöht?	– **e.M.:** Ja, nicht tatbestandsgemäß sind (selbst erhebliche) Änderungen, die die Sicherheit lediglich verbessern oder gar nicht berühren. **(dagg.)** Ob die Sicherheit dadurch berührt wird, soll das atomrechtliche Verfahren ja gerade prüfen. – **h.M.:** Nein, die Feststellung der Erhöhung der Gefahr ist nicht erforderlich. **Zur Vertiefung:** *Fischer*, § 327 Rn. 5; NK/*Ransiek*, § 327 Rn. 8	**3**
Ist die Erweiterung des Betriebsgeländes um ein weiteres Grundstück eine „Lageänderung“ (§ 327 I Nr. 2)?	– **e.M.:** Ja, die Betriebsstätte nimmt dadurch mehr Raum ein. **(dagg.)** Die Betriebsstätte bleibt aber, wo sie ist. – **h.M.:** Nein, nur wenn die Betriebsstätte auf das neue Grundstück verlegt wird. **Zur Vertiefung:** Schönke/Schröder/*Heine/Schittenhelm*, § 327 Rn. 11	**4**

5	Ist der Inhaber einer stillgelegten Abfallentsorgungsanlage, der wilde Müllablagerungen durch Dritte nicht unterbindet, Betreiber durch Unterlassen (§§ 327 II Nr. 3, 13)?	– **e.M.:** Ja, das Dazwischentreten Dritter hindert die Zurechnung grds. nicht (s.o. § 326 Rn. 4). **(dagg.)** „Betreiben" setzt auf bestimmungsgemäße Nutzung gerichtete Tätigkeit voraus, Liegenlassen reicht nicht (Innehabung ist nur bei Abs. 1 Nr. 1 strafbar). – **a.M.:** Nein, wegen der sog. Entsprechungsklausel (§ 13). **Zur Vertiefung:** *Fischer*, § 327 Rn. 12; SSW/*Saliger*, § 327 Rn. 15
6	Erfüllt das (Weiter-) Betreiben einer Anlage entgegen einer rechtswidrigen (aber nicht nichtigen) für sofort vollziehbar erklärten (§ 80 II Nr. 4 VwGO) Untersagungsverfügung, die vor dem VG noch angefochten werden kann oder bereits angefochten ist (und daraufhin aufgehoben wird), den Tatbestand?	– **e.M.:** Nein. **(dagg.)** Wortlaut („ohne die erforderliche Genehmigung oder entgegen einer vollziehbaren Untersagung"). – **h.M.:** Ja, evtl. kommt ein (übergesetzlicher) Strafaufhebungsgrund in Frage. **Zur Vertiefung:** LPK/*Kindhäuser/Hilgendorf*, § 327 Rn. 4; *Rengier*, BT/2, § 47 Rn. 17

§ 329 Gefährdung schutzbedürftiger Gebiete

1	Fallen auch vorübergehende Veränderungen des Bodenniveaus unter Abgrabungen und Aufschüttungen (z.B. Lagerung von Steinen, Erde, Kies)?	– **e.M.:** Ja (evtl. fehlt es aber an der Schutzzweckbeeinträchtigung). **(dagg.)** Es fehlt das den Begriffen innewohnende Element der Dauerhaftigkeit. – **h.M.:** Nein. **Zur Vertiefung:** LK/*Steindorf*, § 329 Rn. 40; Schönke/Schröder/*Heine/Schittenhelm*, § 329 Rn. 40
2	Ist Entwässern auf das Ableiten überschüssigen Wassers beschränkt?	– **e.M.:** Ja, allgemeiner Sprachgebrauch. **(dagg.)** Je mehr Wasser entnommen wird, desto schlimmer.

	– **h.M.:** Nein, jedes Ableiten. **Zur Vertiefung:** MüKo/*Alt*, § 329 Rn. 31; Schönke/Schröder/*Heine/Schittenhelm*, § 329 Rn. 43	
Gehört zu dem Gelege i.S.d. § 329 III Nr. 6 auch das Nest?	– **e.M.:** Nein, Gelege sind nur die Eier, die sich an einem Ablageort befinden. **(dagg.)** Dieses (enge) Verständnis ist nicht zwingend. – **h.M.:** Ja, umfasst sind Eier und Ablagestelle. **Zur Vertiefung:** Schönke/Schröder/*Heine/Schittenhelm*, § 329 Rn. 44a; SSW/*Saliger*, § 329 Rn. 10	3
Ist es ein Entfernen, wenn das Tier (oder die Pflanze) lediglich innerhalb des Schutzgebietes umgesetzt wird?	– **e.M.:** Ja, Entfernen von dem ursprünglichen Ort. **(dagg.)** Geboten ist eine restriktive Auslegung. – **h.M.:** Nein, Entfernen heißt Verbringen aus dem geschützten Bereich. **Zur Vertiefung:** Schönke/Schröder/*Heine/Schittenhelm*, § 329 Rn. 44b; SSW/*Saliger*, § 329 Rn. 10	4
Muss das Gebäude bei § 329 III Nr. 8 unbedingt innerhalb des Schutzgebietes errichtet werden?	– **e.M.:** Ja, ratio legis. **(dagg.)** Der Wortlaut verlangt das nicht. – **h.M.:** Nein. **Zur Vertiefung:** NK/*Ransiek*, § 329 Rn. 16	5

§ 330 Besonders schwerer Fall einer Umweltstraftat

Fällt die Beeinträchtigung einer Heilquelle unter § 330 I 2 (besonders schwerer Fall)?	– **e.M.:** Ja, unter Gewässer bzw. öffentliche Wasserversorgung (oder als unbenannter besonders schwerer Fall). **(dagg.)** Daraus, dass sie aus § 330 I a.F. nicht übernommen wurden, muss geschlossen werden, dass Heilquellen nur noch von §§ 324 ff. erfasst sind. – **h.M.:** Nein. **Zur Vertiefung:** Schönke/Schröder/*Heine/Schittenhelm*, § 330 Rn. 1	1

§ 330d Begriffsbestimmungen

Nr.	Frage	Meinungen
1	Sind Geschwindigkeitsbegrenzungen (z.B. Tempo 50 in Ortschaften) Rechtsvorschriften i.S.d. § 330d Nr. 4a?	– **e.M.:** Ja, sie dienen (zumindest mittelbar) dem Umweltschutz. **(dagg.)** Geschwindigkeitsbegrenzungen dienen der Verkehrssicherheit. – **h.M.:** Nein, sie sind nicht umweltspezifisch (die §§ 325 V, 325a IV, 329 I 3 nehmen den Verkehr ohnehin aus). **Zur Vertiefung:** NK/*Ransiek*, § 324a Rn. 17; SSW/*Saliger*, § 330d Rn. 13
2	Gilt § 330d Nr. 5 nur für tatbestandsausschließende Genehmigungen usw.?	– **e.M.:** Ja, ansonsten greift der allgemeine Missbrauchsgedanke. **(dagg.)** Der Wortlaut erfasst jegliches Handeln ohne Genehmigung. – **h.M.:** Nein, unabhängig davon, ob es sich um ein Tatbestandsmerkmal oder einen Rechtfertigungsgrund handelt. **Zur Vertiefung:** Schönke/Schröder/*Heine/Schittenhelm*, § 330d Rn. 23
3	Sind die Begriffe „Drohung“, „Bestechung“ und „Erschleichung“ in § 330d Nr. 5 wie im Verwaltungsrecht (§ 48 II 3 Nr. 1, 2 VwVfG) auszulegen?	– **e.M.:** Ja, wegen der Verwaltungsakzessorietät des Umweltstrafrechts. **(dagg.)** Umweltstrafrecht bleibt Strafrecht. – **h.M.:** Nein, im Strafrecht kann die Begrifflichkeit abweichen, wie schon die Formulierungsunterschiede zu § 48 II VwVfG zeigen. **Zur Vertiefung:** MüKo/*Schmitz*, § 330d Rn. 34 ff.; Schönke/Schröder/*Heine/Schittenhelm*, § 330d Rn. 29
4	Liegt eine Kollusion i.S.d. § 330d Nr. 5 auch vor beim Zusammenwirken von Genehmigungsadressat und privatem Sachverständigen?	– **e.M.:** Nein, es muss sich um einen Amtsträger handeln. **(dagg.)** Der Wortlaut lässt das zu. – **h.M.:** Ja, wenn er von der Behörde beauftragt (d.h. i.S.d. § 11 I Nr. 2c „bestellt“) ist

	– ansonsten wird nur eine Erschleichung in Betracht kommen. **Zur Vertiefung:** Schönke/Schröder/*Heine/Schittenhelm*, § 330d Rn. 38; SSW/*Saliger*, § 330d Rn. 20
Gilt die Fiktion des § 330d Nr. 5 auch für Rechtsnachfolger des Genehmigungsadressaten?	– **e.M.:** Ja, falls sie davon wissen (oder fahrlässig nicht davon wissen). **(dagg.)** Nach dem Grundgedanken der Rechtsmissbrauchslehre verdient nur derjenige keinen Schutz, der selbst rechtsmissbräuchlich handelt. – **h.M.:** Nein (bloßes Wissen schadet daher nicht). **Zur Vertiefung:** MüKo/*Schmitz*, § 330d Rn. 45 f.; SSW/*Saliger*, § 330d Rn. 21

5

§ 331 Vorteilsannahme

Aufbauschema: § 331 I 1

I. Tatbestand

1. Objektiver Tatbestand
   a) Tatsubjekt
      aa) Amtsträger → *Rn. 4*
      bb) Für den öffentlichen Dienst besonders Verpflichteter
   b) Tatobjekt: Vorteil für den Täter oder Dritten → *Rn. 5 ff.*
   c) Tathandlung
      aa) Fordern
      bb) Sichversprechenlassen
      cc) Annehmen
   d) Für die Dienstausübung (oder -unterlassung, § 336) (sog. Unrechtsvereinbarung) → *Rn. 3, 11*
2. Subjektiver Tatbestand

II. Rechtswidrigkeit

Rechtfertigung durch vorherige Genehmigung, § 331 III Alt. 1, bzw. unverzügliche Anzeige und nachträgliche Genehmigung, § 331 III Alt. 2 → *Rn. 13 ff.*

III. Schuld

Beachte: *Qualifikation, § 332 I*

2 **Aufbauschema: § 331 II**

I. Tatbestand

1. Objektiver Tatbestand
   a) Tatsubjekt
      aa) Richter
      bb) Schiedsrichter
   b) Tatobjekt: Vorteil für den Täter oder Dritten
   c) Tathandlung
      aa) Fordern
      bb) Sichversprechenlassen
      cc) Annehmen
   d) Als Gegenleistung (sog. Unrechtsvereinbarung)
   e) Für vergangene oder zukünftige richterliche Handlungen
2. Subjektiver Tatbestand

II. Rechtswidrigkeit

III. Schuld

Beachte: *Qualifikation, § 332 II*

3	Setzt § 331 I (bzw. der spiegelbildliche § 333 I) noch eine „Unrechtsvereinbarung“ voraus?	– **e.M.:** Nein, seit das Merkmal „als Gegenleistung dafür“ in § 331 I weggefallen ist und sich der Vorteil nicht mehr auf eine (bestimmte) Diensthandlung beziehen muss. **(dagg.)** Bei § 331 I folgt die „Unrechtsvereinbarung“ nunmehr aus der Formulierung „für die Dienstausübung“ (in §§ 331 II, 332, 333 II, 334 steht weiterhin die „Gegenleistung“). – **h.M.:** Ja, nur ist sie weiter gefasst. **Zur Vertiefung:** *Rengier*, BT/2, § 60 Rn. 39 ff.; *Wessels/Hettinger/Engländer*, Rn. 1182
4	Sind die Mitarbeiter der Bahn (DB) oder des Frankfurter Flughafens (Fraport AG) Amtsträger i.S.d. §§ 331 ff.?	– **e.M.:** Ja, § 11 I Nr. 2c („unbeschadet der gewählten Organisationsform“). **(dagg.)** Sie erscheinen aber nicht als „verlängerter Arm“ des Staates. – **h.M.:** Nein (anders die DB Netz AG, kommunale Wohnungsgesellschaften, Abfall-

	entsorgungs- oder Energieversorgungsunternehmen etc.). **Zur Vertiefung:** *Rengier*, BT/2, § 59 Rn. 20 f., 13; SSW/*Satzger*, § 11 Rn. 25; *Wessels/Hettinger/Engländer*, Rn. 1172	
Kann Vorteil i.S.d. § 331 auch ein Vertrag sein?	– **e.M.:** Nein, bei Verträgen kommt es allein auf das Verhältnis von Leistung und Gegenleistung an. **(dagg.)** Schon im Abschluss des Vertrages kann ein Vorteil liegen, z.B. Beratervertrag, Gutachtenauftrag. – **h.M.:** Ja, sofern der Amtsträger keinen Anspruch darauf hat. **Zur Vertiefung:** *Fischer*, § 331 Rn. 12; *Joecks/Jäger*, § 331 Rn. 9; *Rengier*, BT/2, § 60 Rn. 12	5
Werden geringfügige Zuwendungen, z.B. ein Weihnachtsgeschenk an einen Briefträger, von §§ 331 ff. erfasst?	– **e.M.:** Ja, §§ 331 ff. wollen gerade auch „sozialadäquate" Korruption erfassen. **(dagg.)** Dadurch entsteht kein Anschein der Käuflichkeit von Diensthandlungen. – **h.M.:** Nein (mangels Vorteils i.S.d. § 331, Unrechtsvereinbarung oder objektiver Zurechnung), soweit sie der Höflichkeit oder Verkehrssitte entsprechen (unabhängig von § 331 III). **Zur Vertiefung:** *Joecks/Jäger*, § 331 Rn. 18 f.; LPK/*Kindhäuser/Hilgendorf*, § 331 Rn. 8; *Rengier*, BT/2, § 60 Rn. 17 ff.	6
Stellen an ausgewählte Persönlichkeiten verschickte Eintrittskarten zu besonderen repräsentativen Veranstaltungen (z.B. Fußball-WM) einen Vorteil i.S.d. § 331 dar?	– **e.M.:** Nein, die Karten sind lediglich Mittel „zur" Dienstausübung, der Amtsträger erfüllt mit seiner Teilnahme Repräsentationsaufgaben. **(dagg.)** Die Karten werden aber auch zur Befriedigung persönlicher Interessen gewährt.	7

Nr.	Frage	Antwort
		– **h.M.:** Ja (wie Konzertveranstaltungen, kostenlose Reisen oder Einladungen zum Essen). **Zur Vertiefung:** LK/*Sowada*, § 331 Rn. 75; LPK/*Kindhäuser/Hilgendorf*, § 331 Rn. 7, 21; *Wessels/Hettinger/Engländer*, Rn. 1188
8	Erfüllt eine Sponsoringvereinbarung, derzufolge einer Schule eine Geld- oder Sachspende durch den Fotografen im Gegenzug für die Ermöglichung einer Schulfotoaktion zugewendet wird, den Tatbestand?	– **e.M.:** Nein, solche modernen Formen der Finanzierung sind nötig; es fehlt an der „Unrechtsvereinbarung". **(dagg.)** Dadurch entsteht (insb. bei Wettbewerbern) der „böse Anschein" der Käuflichkeit. – **a.M.:** Ja, solche „Nebenfinanzierung" ist verboten. **Zur Vertiefung:** *Joecks/Jäger*, § 331 Rn. 10; LPK/*Kindhäuser/Hilgendorf*, § 331 Rn. 24
9	Ist die Entgegennahme von Wahlkampfspenden (auch an die Partei in Form von Parteispenden) durch einen Amtsträger als Vorteilsannahme strafbar?	– **e.M.:** Ja, dem Wortlaut nach. **(dagg.)** Dann wäre der wiederkandidierende Amtsträger gegenüber Wettbewerbern schlechter gestellt, die noch kein Amt bekleiden. – **h.M.:** Nein, bei ordnungsgemäßer Deklaration nicht. **Zur Vertiefung:** *Joecks/Jäger*, § 331 Rn. 20; LK/*Sowada*, § 331 Rn. 86; *Wessels/Hettinger/Engländer*, Rn. 1187
10	Ist die Beschaffung von Drittmitteln im Rahmen der Forschung an Hochschulen gem. § 331 strafbar?	– **e.M.:** Ja, es besteht die Gefahr der Anpassung der Forschungsergebnisse an die Vorstellungen des Drittmittelgebers. **(dagg.)** Das Hochschulrecht sieht sogar eine Dienstpflicht vor, Drittmittel einzuwerben. – **h.M.:** Nein, bei Einhaltung der Transparenz und vorgeschriebener Verfahren. **Zur Vertiefung:** *Kudlich*, BT/2, Nr. 224; LK/*Sowada*, § 331 Rn. 77 ff.; *Rengier*, BT/2, § 60 Rn. 16

Reicht es für §§ 331, 332 aus, dass der Amtsträger vortäuscht, eine Diensthandlung für den Vorteilsgeber bereits erbracht zu haben?	– **e.M.:** Ja, auch dadurch wird der Eindruck der Käuflichkeit erweckt. **(dagg.)** Wortlaut „vorgenommen *hat*“ (nicht „habe“ in §§ 331 II, 332 I) – **h.M.:** Nein (zu prüfen bleibt § 263). **Zur Vertiefung:** *Joecks/Jäger*, § 331 Rn. 11; *Rengier*, BT/2, § 60 Rn. 37 f.	**11**
Setzt der Versuch des Forderns gem. § 331 II 2 (bzw. § 332 I 3) den Zugang der Erklärung voraus?	– **e.M.:** Ja, vorher liegt überhaupt keine (annahmefähige) Willenserklärung vor. **(dagg.)** Zugang ist schon Vollendung. – **a.M.:** Nein, Abgabe der Erklärung (Absenden) reicht. **Zur Vertiefung:** *Fischer*, § 331 Rn. 30c; NK/ *Kuhlen*, § 331 Rn. 124	**12**
Welche Rechtsnatur hat die „Genehmigung“ i.S.d. § 331 III?	– **e.M.:** Die vorher erteilte Genehmigung (§ 331 III Alt. 1) ist tatbestandsausschließendes Einverständnis; die nachher erteilte Genehmigung (§ 331 III Alt. 2) Rechtfertigungsgrund. **(dagg.)** Die Rechtswidrigkeit oder Rechtmäßigkeit muss bereits zum Zeitpunkt der Handlung feststehen. – **h.M.:** Eine vor Annahme erteilte Genehmigung stellt einen Rechtfertigungsgrund dar (Irrtum ist Erlaubnistatbestandsirrtum); die nachher erteilte Genehmigung ist persönlicher Strafaufhebungsgrund (Fall der tätigen Reue). **Zur Vertiefung:** *Joecks/Jäger*, § 331 Rn. 22 f.; SSW/*Rosenau*, § 331 Rn. 50 ff.; *Wessels/Hettinger/Engländer*, Rn. 1189	**13**
Ist „im Rahmen der Befugnisse“ bei § 331 III beamtenrechtlich auszulegen?	– **e.M.:** Ja, Befugnis ist ein öffenlich-rechtlicher Terminus. **(dagg.)** Gem. § 42 I BeamtStG kann der Dienstherr Geschenke nur vorher, nicht nachher genehmigen (umgekehrt ist ein	**14**

		„geforderter" Vorteil nach § 331 III nicht genehmigungsfähig). – **h.M.:** Nein, strafrechtlich, die öffenlich-rechtlichen Vorschriften sind nur Auslegungshilfen (was nach öffentlich-rechtlichen Vorschriften jedoch erlaubt ist, kann strafrechtlich nicht verboten sein, Einheit der Rechtsordnung). **Zur Vertiefung:** *Fischer*, § 331 Rn. 33; *Joecks/Jäger*, § 331 Rn. 25
15	Wer kann einer i.S.d. § 11 I Nr. 2c bestellten Person (z.B. Sachverständige; TÜV-Prüfer) die Genehmigung erteilen?	– **e.M.:** Der, der sie „bestellt" hat (Amtsträger). **(dagg.)** Das ist unpraktikabel. – **a.M.:** Der, bei dem sie angestellt ist (Arbeitgeber). **Zur Vertiefung:** *Fischer*, § 331 Rn. 34
16	In welchem Konkurrenzverhältnis stehen § 331 und § 332 (bzw. § 333 und § 334), wenn der Vorteil sowohl für eine pflichtgemäße als auch für eine pflichtwidrige Diensthandlung gewährt wird?	– **e.M.:** Auch insoweit besteht Gesetzeskonkurrenz (Spezialität). **(dagg.)** Es handelt sich um zwei unterschiedliche Erfolge. – **h.M.:** Tateinheit (§ 52). **Zur Vertiefung:** Lackner/Kühl/*Heger*, § 331 Rn. 20; SSW/*Rosenau*, § 331 Rn. 58

§ 332 Bestechlichkeit

1 **Aufbauschema**

Beachte: *Vor § 332 sollte § 331 geprüft werden. Dann kann im Tatbestand 1 a)–c) entweder ganz weggelassen oder insoweit in aller Kürze auf die vorangegangene Prüfung verwiesen werden.*

I. Tatbestand

1. Objektiver Tatbestand

a) Tatsubjekt

aa) Amtsträger → *Rn. 5*

bb) Für den öffentlichen Dienst besonders Verpflichteter

b) Tatobjekt

Vorteil für den Täter oder Dritten

c) Tathandlung

aa) Fordern

bb) Sichversprechenlassen

cc) Annehmen

d) Als Gegenleistung (sog. Unrechtsvereinbarung) → *Rn. 2*

e) Für vergangene oder zukünftige Diensthandlung (oder -unterlassung, § 336)

f) Verletzung von Dienstpflichten (Beachte: § 332 III) → *Rn. 3 f.*

2. Subjektiver Tatbestand

II. Rechtswidrigkeit

III. Schuld

IV. Strafzumessung

Besonders schwere Fälle, § 335 II i.V.m. I Nr. 1a (Regelbeispiele)

Sind an die sog. Unrechtsvereinbarung bei den Tatalternativen „Sichversprechenlassen" und „Annehmen" andere Anforderungen zu stellen als beim „Fordern"?	– **e.M.:** Nein, wie bei § 331 reicht es aus, dass der Amtsträger seinen Willen zu erkennen gibt, den Vorteil als Gegenleistung anzunehmen. **(dagg.)** Damit ist Abs. 3 nicht zu erklären, der das „Sichbereitzeigen" eigenständig normiert. – **h.M.:** Ja, erforderlich ist eine „vertragsmäßige" Willensübereinstimmung i.S. eines „do ut des", welche sich bloß beim Fordern naturgemäß auf den erkennbaren Willen des Täters reduziert (so wie es an zwei deckungsgleichen Willenserklärungen notwendig auch dann fehlt, wenn nur der Amtsträger um die Pflichtwidrigkeit weiß; dann gilt für ihn § 332, für den Geber § 333 – und nicht § 334). **Zur Vertiefung:** *Joecks/Jäger*, § 332 Rn. 5 f.; SK/*Stein/Deiters*, § 331 Rn. 51 ff.	2

3	Ist eine zurückliegende Ermessensentscheidung schon dann als pflichtwidrig i.S.d. § 332 (bzw. § 334) einzustufen, wenn sich der Täter bei seiner Entscheidung von dem Vorteil beeinflussen lässt, oder erst dann, wenn sie tatsächlich außerhalb seines Ermessensspielraumes liegt?	– **e.M.:** „Sich bei Ausübung des Ermessens … beeinflussen zu lassen" ist gem. § 331 III Nr. 2 nur bei „künftigen Handlungen" pflichtwidrig. **(dagg.)** Der Maßstab für die Pflichtwidrigkeit ist bei zurückliegenden wie bei künftigen Diensthandlungen derselbe. – **h.M.:** Sich von dem Vorteil beeinflussen zu lassen ist bei zurückliegenden wie bei künftigen Ermessensentscheidungen gleichermaßen pflichtwidrig. **Zur Vertiefung:** *Fischer*, § 332 Rn. 9a; NK/*Kuhlen*, § 332 Rn. 9, 11 ff.
4	Bedeutet „Ermessen" i.S.d. § 332 III Nr. 2 (bzw. § 334 III Nr. 2) nur einen Entscheidungsspielraum auf Rechtsfolgenseite?	– **e.M.:** Ja, wie im Verwaltungsrecht. **(dagg.)** Das Strafrecht hat seine eigene Begrifflichkeit. – **h.M.:** Nein, § 332 umfasst auch den Beurteilungsspielraum auf Tatbestandsseite (unbestimmte Rechtsbegriffe). **Zur Vertiefung:** *Fischer*, § 332 Rn. 9; *Joecks/Jäger*, § 332 Rn. 10
5	Kann ein Amtsträger ohne eigenen Entscheidungsspielraum, der demjenigen nur zuarbeitet, der die (ermessensfehlerfreie) Entscheidung trifft, § 332 begehen?	– **e.M.:** Nein, da die eigentliche Entscheidung ermessensfehlerfrei ist, liegt nur § 331 vor. **(dagg.)** Auch die Vor- und Zuarbeit ist Diensthandlung. – **h.M.:** Ja, der Täter muss nicht der alleinige Entscheidungsträger sein, faktische Einflussnahme (sei es, dass er aufgrund seiner Kompetenz hinzugezogen wird, sei es, dass er Material für die Entscheidung eines anderen zusammenstellt) reicht aus. **Zur Vertiefung:** *Joecks/Jäger*, § 332 Rn. 11; Schönke/Schröder/*Heine/Eisele*, § 332 Rn. 11

§ 333 Vorteilsgewährung

Aufbauschema: § 333 I 1

I. Tatbestand

1. Objektiver Tatbestand
   a) Adressat
      aa) Amtsträger
      bb) Für den öffentlichen Dienst besonders Verpflichteter
      cc) Soldat der Bundeswehr
   b) Tatobjekt
      Vorteil für Adressat oder Dritten
   c) Tathandlung
      aa) Anbieten
      bb) Versprechen
      cc) Gewähren
   d) Für die Dienstausübung (oder -unterlassung, § 336)
2. Subjektiver Tatbestand

II. Rechtswidrigkeit

Rechtfertigung durch vorherige Genehmigung, § 333 III Alt. 1, bzw. unverzügliche Anzeige und nachträgliche Genehmigung, § 333 III Alt. 2

III. Schuld

Beachte: *Qualifikation, § 334 I*

Aufbauschema: § 333 II 2

I. Tatbestand

1. Objektiver Tatbestand
   a) Adressat
      aa) Richter
      bb) Schiedsrichter
   b) Tatobjekt:
      Vorteil für Adressat oder Dritten
   c) Tathandlung
      aa) Anbieten
      bb) Versprechen
      cc) Gewähren
   d) Als Gegenleistung (sog. Unrechtsvereinbarung)

e) Für vergangene oder zukünftige richterliche Handlung

2. Subjektiver Tatbestand

II. Rechtswidrigkeit

III. Schuld

Beachte: *Qualifikation, § 334 II*

3	Wie wird derjenige Dritte bestraft, der zugleich Geber und Empfänger unterstützen will?	– **e.M.:** Nach §§ 331, 27 – § 52 – §§ 333, 27. **(dagg.)** § 331 und § 333 sind nur die Kehrseite derselben Medaille, weshalb sich der Täter des § 333 nicht zugleich einer Teilnahme an § 331 schuldig macht und umgekehrt. – **h.M.:** Es greift nur §§ 333, 27 als das – wegen Unanwendbarkeit des § 28 I –strengere Gesetz (da § 331 und § 333 denselben Strafrahmen vorsehen, hat die Anwendbarkeit des § 28 I auf §§ 331, 27 allerdings zur Folge, dass derjenige, der nur dem Nicht-Amtsträger hilft, schwerer zu bestrafen ist, als der, der sogar einem Amtsträger hilft). **Zur Vertiefung:** *Fischer*, § 331 Rn. 38a; *Rengier*, BT/2, § 60 Rn. 77 f.; SSW/*Rosenau*, § 331 Rn. 64

§ 334 Bestechung

1 **Aufbauschema**

Beachte: *Vor § 334 sollte § 333 geprüft werden. Dann kann im Tatbestand 1 a)–c) entweder ganz weggelassen oder insoweit in aller Kürze auf die vorangegangene Prüfung verwiesen werden.*

I. Tatbestand

1. Objektiver Tatbestand

a) Adressat

aa) Amtsträger

bb) Für den öffentlichen Dienst besonders Verpflichteter

cc) Soldat der Bundeswehr

b) Tatobjekt: Vorteil für Adressat oder Dritten

c) Tathandlung:

aa) Anbieten

bb) Versprechen

cc) Gewähren

d) Als Gegenleistung (sog. Unrechtsvereinbarung)

e) Für vergangene oder zukünftige Diensthandlung (oder -unterlassung, § 336)

f) Verletzung von Dienstpflichten (beachte: § 334 III) → *Rn. 2*

2. Subjektiver Tatbestand

II. Rechtswidrigkeit

III. Schuld

IV. Strafzumessung

Besonders schwere Fälle, § 335 II i.V.m. I Nr. 1b (Regelbeispiele)

Wie ist der Täter zu bestrafen, der bei § 334 I irrtümlich von der Pflichtwidrigkeit der Diensthandlung des Amtsträgers ausgeht?	– **e.M.:** Wegen vollendeten § 334, da es gem. § 334 III („zu bestimmen versucht") nicht auf die objektive Lage, sondern nur die Vorstellung des Täters ankommt. **(dagg.)** Das gilt aber nur (allenfalls) für künftige, nicht für vergangene Handlungen. – **a.M.:** Er ist freizusprechen, der Versuch ist bei § 334 I (im Unterschied zu § 334 II) straflos. **(dagg.)** § 333 und § 334 stehen im Verhältnis von Grundtatbestand und Qualifikation. – **h.M.:** Der straflose untaugliche Versuch des § 334 ist in diesem Fall als vollendete Tat gem. § 333 zu bestrafen. **Zur Vertiefung:** *Fischer*, § 333 Rn. 12; *Joecks/Jäger*, § 334 Rn. 8; MüKo/*Korte*, § 334 Rn. 19; Schönke/Schröder/*Heine/Eisele*, § 334 Rn. 9 f.	2

§ 335 Besonders schwere Fälle der Bestechlichkeit und Bestechung

Ist das „große Ausmaß" in § 335 II Nr. 1 genauso zu verstehen wie in § 263 III Nr. 2?	– **e.M.:** Nein, es kommt auf den Wert des Vorteils für den Amtsträger an, so dass sein Ausschlagen einer erheblichen Selbstdisziplinierung bedarf.	1

		(dagg.) Auf die innere Tatsache der Disziplinbereitschaft des Amtsträgers kann es nicht ankommen. – **a.M.:** Ja, als „Umfang, der aus dem Rahmen der durchschnittlichen Fälle deutlich herausragt“. **Zur Vertiefung:** *Fischer*, § 335 Rn. 5 f.; Schönke/Schröder/*Heine/Eisele*, § 335 Rn. 3
2	Kann auch schon die erstmalige Begehung das Regelbeispiel des § 335 II Nr. 2 („fortgesetzt Vorteile annimmt“) erfüllen?	– **e.M.:** Ja, wie beim Merkmal der Gewerbsmäßigkeit (s. § 243 Rn. 9). **(dagg.)** „Gewerbsmäßig“ ist nicht „fortgesetzt“. – **a.M.:** Ja, wenn bei Annahme des ersten Vorteils bereits ein „Fortsetzungsvorsatz“ bestand. **(dagg.)** Die „fortgesetzte Tat“ ist abgeschafft. – **h.M.:** Nein, das Regelbeispiel ist – im Unterschied zu der (in die Zukunft gerichteten) Nr. 3 („als Mitglied einer Bande, die sich zur fortgesetzten Begehung … verbunden hat“) – nur erfüllt, wenn der Täter zum wiederholten Male (d.h. mindestens dreimal) Vorteile angenommen hat. **Zur Vertiefung:** *Fischer*, § 335 Rn. 8; LK/*Sowada*, § 335 Rn. 13; SSW/*Rosenau*, § 335 Rn. 8
3	Setzt § 335 II Nr. 2 voraus, dass der Täter Vorteile von (mindestens zwei) verschiedenen Vorteilsgebern annimmt?	– **e.M.:** Ja. **(dagg.)** Dazu besagt der Wortlaut nichts. – **h.M.:** Nein. **Zur Vertiefung:** *Joecks/Jäger*, § 335 Rn. 3
4	Greift das Regelbeispiel des § 335 II Nr. 2 ein, wenn der Täter einen geforderten Gesamtvorteil in Teilleistungen annimmt?	– **e.M.:** Ja, Wortlaut (die Einheitlichkeit des Geschehens kann aber Gegenindiz sein, so dass im Ergebnis doch kein besonders schwerer Fall vorliegt).

	(dagg.) Eine Schulderhöhung gegenüber dem, der auf sofortige Gesamtleistung besteht, ist nicht erkennbar. – **h.M.:** Nein (teleologische Reduktion). **Zur Vertiefung:** *Fischer*, § 335 Rn. 9; SSW/*Rosenau*, § 335 Rn. 9

§ 336 Unterlassen der Diensthandlung

Ist § 336 auf § 331 I (noch) anwendbar?	– **e.M.:** Nein, nachdem dort nicht mehr von einer Diensthandlung, sondern nur noch von Dienstausübung die Rede ist (die Verweisung in § 336 auf § 331 bezieht sich nur noch auf die richterliche Handlung i.S.d. § 331 II). **(dagg.)** Ein Amtsträger, der trotz entsprechender Pflicht einen Dienst nicht ausübt, unterlässt eine Diensthandlung. – **h.M.:** Ja (§ 331 I ist zu lesen als: „Dienstausübung oder -unterlassung"). **Zur Vertiefung:** NK/*Kuhlen*, § 336 Rn. 1; SSW/*Rosenau*, § 336 Rn. 3	1

§ 339 Rechtsbeugung

Wann liegt begrifflich Rechtsbeugung vor?	– **e.M.** (subjektive Theorie): Wenn der Täter (bewusst) gegen seine Rechtsüberzeugung handelt. **(dagg.)** Das ist kaum feststellbar. – **a.M.** (objektive Theorie): Wenn die Entscheidung des Täters den Rahmen des objektiv noch Vertretbaren überschreitet (Schwere des Verstoßes). **(dagg.)** Was (noch) objektiv vertretbar ist, wird regelmäßig erst im Nachhinein (durch die Gerichte) festgelegt. – **h.M.** (Pflichtverletzungs- oder Pflichtwidrigkeitstheorie): Wenn der Täter bei der	1

		Rechtsfindung gegen ihm obliegende Amtspflichten verstößt (etwa sein Handeln nicht an Gesetz und Recht, sondern an eigenen Maßstäben ausrichtet). **Zur Vertiefung:** LPK/*Kindhäuser/Hilgendorf*, § 339 Rn. 6 ff.; *Rengier*, BT/2, § 61 Rn. 10 ff.; *Wessels/Hettinger/Engländer*, Rn. 1210 ff.
2	Ist jeder Verfahrensverstoß bereits ein Nachteil i.S.d. § 339 (unabhängig von seinen Auswirkungen auf die Endentscheidung)?	– **e.M.:** Nein, es handelt sich um ein Erfolgsdelikt, kein Gefährdungsdelikt. **(dagg.)** Bei einem austarierten Verfahrensrecht geht jeder Verfahrensverstoß notwendig zum Nachteil einer Partei. – **h.M.:** Ja, weil – und soweit – damit zugleich die konkrete Gefahr einer falschen Entscheidung begründet wird. **Zur Vertiefung:** *Fischer*, § 339 Rn. 23; Lackner/Kühl/*Heger*, § 339 Rn. 7; *Wessels/Hettinger/Engländer*, Rn. 1215; *Rengier*, BT/2, § 61 Rn. 17 f.
3	Kann auch der Bruch übergesetzlichen (überpositiven) Rechts Rechtsbeugung sein?	– **e.M.:** Nein, der Bruch übergesetzlichen Rechts erweist sich dann als Einhaltung (nicht Beugung) gesetzlichen Rechts. **(dagg.)** Der Richter ist an Recht und Gesetz gebunden (Art. 20 III GG). – **h.M.:** Ja, wenn sich das positive Recht als gesetzliches Unrecht (Radbruchsche Formel) erweist. **Zur Vertiefung:** *Fischer*, § 339 Rn. 25; LK/*Hilgendorf*, § 339 Rn. 55 ff.
4	Kann der Staatsanwalt Rechtsbeugung begehen?	– **e.M.:** Nein, er ist weder Richter, noch leitet er eine Rechtssache. **(dagg.)** Der Staatsanwalt gehört aber zu den Amtsträgern (§ 11 I Nr. 2). – **h.M.:** Ja, soweit er eigene Sachentscheidungen trifft (z.B. Verfahrenseinstellung) oder Entscheidungen des Gerichts veranlasst (z.B. Haftbefehlsantrag), nicht aber, wenn er dem Gericht die Sache zur

	umfassenden Prüfung vorlegt (Anklageerhebung) – doch kommt Teilnahme in Frage (so auch bei Absprachen zur Herbeiführung rechtsbeugender Entscheidungen). **Zur Vertiefung:** *Fischer*, § 339 Rn. 6 f.; SSW/*Kudlich*, § 339 Rn. 14; SK/*Stein*/*Deiters*, § 339 Rn. 30; *Wessels*/*Hettinger*/*Engländer*, Rn. 1208	
Sind bei § 339 mittelbare Täterschaft (§ 25 I Alt. 2) bzw. Mittäterschaft (§ 25 II) möglich?	– **e.M.:** Nein, § 339 ist eigenhändiges Delikt. **(dagg.)** Es handelt sich um kein eigenhändiges, sondern ein Sonderdelikt. – **h.M.:** Ja (z.B. der Berichterstatter „durch" den Vorsitzenden; Entscheidungen eines Kollegialgerichts), sofern der Täter zum tauglichen Täterkreis gehört. **Zur Vertiefung:** SSW/*Kudlich*, § 339 Rn. 32	5
Ist bei rechtsbeugenden Entscheidungen eines Kollegialgerichts für die Strafbarkeit des Einzelnen erforderlich, dass er für die Entscheidung gestimmt hat?	– **e.M.:** Ja, wie stets bei Gremienentscheidungen, bei denen man auch überstimmt werden kann. **(dagg.)** Dieser Nachweis ist aufgrund des Beratungsgeheimnisses (§ 43 DRiG) kaum zu führen. – **a.M.:** Nein, es reicht, wenn er das fehlerhafte Urteil mit unterschrieben hat. **Zur Vertiefung:** *Fischer*, § 339 Rn. 8; *Kudlich*, BT/2, Nr. 228; SSW/*Kudlich*, § 339 Rn. 33	6
Genügt „bedingter" Vorsatz bei § 339?	– **e.M.:** Nein, jede Entscheidung wird in dem Bewusstsein getroffen, dass sie möglicherweise falsch ist. **(dagg.)** Bei der Neufassung der Vorschrift sollten die Worte „absichtlich oder wissentlich" eingefügt werden (wie bei § 344), wurden aber wieder gestrichen. – **h.M.:** Ja, doch wird der Streit um die Vorsatzanforderungen (darüber, ob der Täter den Erfolg nur für „möglich" halten oder innerlich „billigen" muss, s. § 15 Rn. 4)	7

		überlagert von den Anforderungen an den Begriff der Rechtsbeugung (s.o. Rn. 1). **Zur Vertiefung:** *Fischer*, § 339 Rn. 37 f.; Schönke/Schröder/*Heine/Hecker*, § 339 Rn. 13
8	Ist bei § 339 eine Rechtfertigung durch Notstand (§ 34) möglich?	– **e.M.:** Ja, § 34 nimmt keinen Tatbestand aus. **(dagg.)** Seine Voraussetzungen werden aber nie vorliegen. – **h.M.:** Nein (eher kann § 35 in Betracht kommen). **Zur Vertiefung:** LK/*Hilgendorf*, § 339 Rn. 108; *Wessels/Hettinger/Engländer*, Rn. 1219
9	Wird das Unterlassen schon von § 339 selbst (ohne § 13) erfasst?	– **e.M.:** Ja, die Unterscheidung von Tun und Unterlassen ist bei § 339 sachlich unnötig und praktisch undurchführbar. **(dagg.)** Es handelt sich um kein echtes Unterlassungsdelikt, daher bedarf es des § 13 (Garantenstellung ist jedoch stets gegeben). – **a.M.:** Nein, nur von §§ 339, 13 (mit der wichtigen Möglichkeit der Strafmilderung nach § 13 II, da § 339 keinen minder schweren Fall kennt). **Zur Vertiefung:** SK/*Stein/Deiters*, § 339 Rn. 40; SSW/*Kudlich*, § 339 Rn. 31
10	Entfaltet § 339 eine „Sperrwirkung" derart, dass der Richter sich nach anderen Tatbeständen (z.B. §§ 239, 258a) nur strafbar machen kann, wenn zugleich eine Rechtsbeugung vorliegt?	– **e.M.:** Nein, das hat nichts miteinander zu tun. **(dagg.)** § 339 dient auch dem Schutz der Entscheidungsfreudigkeit von Richtern. – **h.M.:** Ja, sog. Spruchrichterprivileg. **Zur Vertiefung:** *Joecks/Jäger*, § 339 Rn. 7; *Rengier*, BT/2, § 61 Rn. 21; Schönke/Schröder/*Heine/Hecker*, § 339 Rn. 17; *Wessels/Hettinger/Engländer*, Rn. 1222

§ 340 Körperverletzung im Amt

Wird die mittelbare Täterschaft (§ 25 I Alt. 2) von § 340 I Alt. 1 (Begehen) oder § 340 I Alt. 2 (Begehenlassen) erfasst?	– **e.M.:** Nach dem Wortlaut des § 25 I handelt es sich um einen Fall des Begehens (§ 340 I Alt. 1). **(dagg.)** Wer die Tat durch einen anderen begeht, der lässt sie begehen. – **h.M.:** § 340 I Alt. 2 (Begehenlassen). **Zur Vertiefung:** LK/*Lilie*, § 340 Rn. 9; SSW/*Kudlich*, § 340 Rn. 7; SK/*Wolters*, § 340 Rn. 6	1
Erfasst das „Begehenlassen" auch Anstiftung und Beihilfe?	– **e.M.:** Nein, nur mittelbare Täterschaft (§ 25 I Alt. 2). **(dagg.)** Im Wortsinne lässt auch ein Amtsträger etwas geschehen, der dazu anstiftet oder dabei hilft. – **h.M.:** Ja, das „Begehenlassen" erfasst auch Anstiftung (§ 26) und Beihilfe (§ 27) durch den Amtsträger. **Zur Vertiefung:** *Fischer*, § 340 Rn. 2b; *Joecks/Jäger*, § 340 Rn. 3 f.	2
Umfasst das „Begehenlassen" auch das Unterlassen entgegen einer dienstlichen Verhinderungs(garanten)pflicht?	– **e.M.:** Nein, zwar lässt eine Tat begehen, wer als garantenpflichtiger Täter die Tat eines anderen nicht hindert, doch wo kein anderer beteiligt ist (oder dieser auch nur unterlässt) kann schon sprachlich keine Rede davon sein; einschlägig ist §§ 340, 13. **(dagg.)** Dann käme dem Unterlassungstäter eine Strafmilderungsmöglichkeit (§ 13 II) zugute, dem unterlassenden Teilnehmer (von § 340 I Alt. 2 erfasst, s.o. Rn. 1) aber nicht. – **h.M.:** Ja (das ist weder ein Verstoß gegen Art. 103 II GG, noch eine Umgehung des § 13 II). **Zur Vertiefung:** MüKo/*Voßen*, § 340 Rn. 16; SSW/*Kudlich*, § 340 Rn. 8 f.	3

4	Ist bei § 340 eine rechtfertigende Einwilligung durch den Verletzten möglich?	– **e.M.:** Nein, § 340 schützt neben dem Individualrechtsgut auch das Allgemeinrechtsgut des „Vertrauens in den Staat“. **(dagg.)** § 340 II verweist auf § 228. – **h.M.:** Ja, die Einwilligung ist Rechtfertigungsgrund. **Zur Vertiefung:** *Fischer*, § 340 Rn. 7; *Joecks/ Jäger*, § 340 Rn. 5; LPK/*Kindhäuser/Hilgendorf*, § 340 Rn. 4
5	Ist § 28 II auf Teilnehmer einer qualifizierten Körperverletzung im Amt (§ 340 III) anwendbar?	– **e.M.:** Ja, § 340 ist ein unechtes Amtsdelikt – die Amtsträgereigenschaft besonderes persönliches Merkmal i.S.d. § 28 II. **(dagg.)** Für Nichtamtsträger wie für Amtsträger gelten nach § 340 III die gleichen Strafrahmen, insofern liegt keine „Strafschärfung“ i.S.d. § 28 II vor (um Strafbegründung i.S.d. § 28 I kann es sich nur beim „Begehenlassen“ handeln). – **a.M.:** Nein. **Zur Vertiefung:** Lackner/Kühl/*Heger*, § 340 Rn. 6; *Fischer*, § 340 Rn. 6; NK/*Kuhlen*, § 340 Rn. 13
6	Besteht für den Teilnehmer einer Tat nach § 340, der kein Amtsträger ist, das Antragserfordernis nach § 230?	– **e.M.:** Nein, § 230 ist bei der Verweisung in § 340 III ausgenommen. **(dagg.)** § 230 gilt nur für den Amtsträger nicht, wohl aber für den Außenstehenden. – **h.M.:** Ja. **Zur Vertiefung:** *Fischer*, § 340 Rn. 7; SSW/*Kudlich*, § 340 Rn. 17
7	In welchem Verhältnis steht § 340 zu § 223 (bzw. §§ 224 ff.)?	– **e.M.:** § 340 ist Delikt eigener Art (sui generis), da das „Begehenlassen“ (§ 340 I Alt. 2) mehr (bzw. anderes) erfasst als §§ 223 ff. **(dagg.)** Soweit sich die Tathandlungen decken, handelt es sich um Grundtatbestand und Qualifikation. – **h.M.:** Für das Konkurrenzverhältnis folgt daraus Gesetzeskonkurrenz (in Form der Spezialität). **Zur Vertiefung:** SSW/*Kudlich*, § 340 Rn. 15

§ 343 Aussageerpressung

Fallen auch Sachverständige unter § 343 (bzw. § 344)?	– **e.M.:** Nein, gemeint sind nur Richter, Staatsanwälte und Polizeibeamte („zur Mitwirkung berufen" in §§ 343 f. bzw. „strafrechtlich verfolgt oder auf eine solche Verfolgung hinwirkt" in § 344). **(dagg.)** „Mitwirkung" ist weniger als „Leitung oder Entscheidung" in § 339. – **a.M.:** Ja, es sind Amtsträger i.S.d. § 11 I Nr. 2c. **Zur Vertiefung:** LPK/*Kindhäuser/Hilgendorf*, § 343 Rn. 2; NK/*Kuhlen*, § 343 Rn. 4	1
Lässt die Einwilligung des Betroffenen in eine Verhörmethode (Lügendetektor, Hypnose, Wahrheitsserum) den Tatbestand entfallen?	– **e.M.:** Nein, der Betroffene hat keinerlei Dispositionsbefugnis über das Schutzgut des § 343 (Rechtspflege). **(dagg.)** „Nötigen" bedeutet Aufzwingen eines Verhaltens *gegen* den Willen des Opfers. – **h.M.:** Ja, eine rechtfertigende Einwilligung ist zwar anders als bei § 340 (s.o. § 340 Rn. 4) nicht möglich, doch fehlt die Nötigungsabsicht (falls überhaupt Gewalt bzw. Quälerei vorliegt). **Zur Vertiefung:** *Fischer*, § 343 Rn. 10a; LPK/*Kindhäuser/Hilgendorf*, § 343 Rn. 14; SK/*Wolters*, § 343 Rn. 19	2
Gilt § 240 II im Rahmen des § 343?	– **e.M.:** Nein, für eine entsprechende Anwendung fehlt die Regelungslücke. **(dagg.)** Der Wortlaut („um … zu nötigen") ist ernst zu nehmen. – **a.M.:** Ja (um zu verhindern, dass sich ein Strafrichter, der Erzwingungshaft gem. § 70 II StPO anordnet, nach § 343 strafbar macht). **Zur Vertiefung:** Schönke/Schröder/*Hecker*, § 343 Rn. 16; SSW/*Kudlich*, § 343 Rn. 15	3

4	Ist bei § 343 eine Rechtfertigung nach §§ 32, 34 möglich?	– **e.M.:** Ja, die allgemeinen Rechtfertigungsgründe gelten auch hier. **(dagg.)** Eine Rechtfertigung für das Verhalten am Verfahren beteiligter Amtsträger kann sich nur aus dem Verfahrensrecht selbst (StPO) ergeben. – **a.M.:** Nein, eine Rechtfertigung nach §§ 32, 34 scheidet aus. **Zur Vertiefung:** *Fischer*, § 343 Rn. 10a; *Joecks/Jäger*, § 343 Rn. 7
5	Ist § 28 I oder II auf den Nichtamtsträger, der an der Tat eines Amtsträger nach § 343 teilnimmt, anzuwenden?	– **e.M.:** § 28 II, es handelt sich um ein unechtes Amtsdelikt (wie § 340) – der Teilnehmer ist (nur) strafbar gem. §§ 240 (bzw. 223 ff.), 26 oder 27. **(dagg.)** Das kann zu unangemessen milder Bestrafung führen. – **h.M.:** § 28 I, es handelt sich um ein echtes Amtsdelikt – der Teilnehmer ist nach §§ 343, 26 bzw. 27 zu bestrafen (und die Strafe nach § 28 I zu mildern). **Zur Vertiefung:** *Joecks/Jäger*, § 343 Rn. 4 f.; LPK/*Kindhäuser/Hilgendorf*, § 343 Rn. 3
6	In welchem Konkurrenzverhältnis steht § 343 zu § 240 oder §§ 240, 22?	– **e.M.:** Tateinheit (§ 52). **(dagg.)** § 343 setzt schon eine Nötigung voraus. – **a.M.:** Sie treten im Wege der Gesetzeskonkurrenz zurück. **(dagg.)** § 343 setzt aber nicht voraus, dass es zu einem Nötigungserfolg gekommen ist. – **h.M.:** §§ 240, 22 werden verdrängt, jedoch besteht mit § 240 Tateinheit aus Klarstellungsgründen (sog. Klarstellungsfunktion des Urteilstenors). **Zur Vertiefung:** *Fischer*, § 343 Rn. 13; LPK/*Kindhäuser/Hilgendorf*, § 343 Rn. 17; SSW/*Kudlich*, § 343 Rn. 19

§ 344 Verfolgung Unschuldiger

Frage	Meinungen	Rn.
Erfasst § 344 auch die Verfolgung Schuldiger auf gesetzeswidrige Weise (z.B. Manipulation durch Schaffen einer falschen, belastenden Beweislage)?	– **e.M.:** Ja, der auf gesetzeswidrige Weise Verfolgte ist einer, der „nach dem Gesetz nicht strafrechtlich verfolgt werden darf“. **(dagg.)** Damit wäre jeder Verfahrensverstoß strafbewehrt (Verstoß gegen das Ultima-ratio-Prinzip). – **h.M.:** Nein, Deliktsüberschrift („Verfolgung Unschuldiger“). **Zur Vertiefung:** *Fischer*, § 344 Rn. 4; NK/*Kuhlen*, § 344 Rn. 9 ff.	**1**
Ist unschuldig nur, wer die Tat nicht begangen hat, oder auch, wer sie nicht so begangen hat (z.B. statt wegen Diebstahls wegen Raubes mit dem Ziel einer schwereren Bestrafung verfolgt wird)?	– **e.M.:** Ja, wegen dieser Tat ist er ja „unschuldig“. **(dagg.)** Der Diebstahl ist im Raub enthalten; das Legalitätsprinzip erfordert die Verfolgung. – **a.M.:** Nein, bloßes „Aufbauschen“ ist auch bei § 145d straflos. **Zur Vertiefung:** *Joecks/Jäger*, § 344 Rn. 5 f.; Lackner/Kühl/*Heger*, § 344 Rn. 3; LPK/*Kindhäuser/Hilgendorf*, § 344 Rn. 4	**2**
Kann das „Hinwirken auf Verfolgung“ auch durch einen unzuständigen Amtsträger geschehen, der auf einen zuständigen Einfluss nimmt?	– **e.M.:** Nein, § 344 kann nur der zuständige Amtsträger begehen. **(dagg.)** Dann hätte es des „Hinwirkens“ neben der „Verfolgung“ nicht bedurft. – **h.M.:** Ja, zumindest wenn er nicht nur privat, sondern dienstlich auftritt. **Zur Vertiefung:** Lackner/Kühl/*Heger*, § 344 Rn. 4; LPK/*Kindhäuser/Hilgendorf*, § 344 Rn. 7; Schönke/Schröder/*Hecker*, § 344 Rn. 12	**3**
Handelt derjenige tatbestandsgemäß, der ein Verfahren durchführt oder zu Ende führt, um einen Unschuldigen vom Verdacht der Schuld zu befreien?	– **e.M.:** Ja, die Absicht muss sich nur auf die Verfolgung, nicht auf die Verurteilung beziehen. **(dagg.)** Es kann sogar ein Anspruch des Betroffenen auf Freispruch (statt bloß auf Einstellung des Verfahrens) geben.	**4**

		– **h.M.:** Nein (eine Verfolgung mit dem Ziel der Einstellung nach § 153a StPO – nicht nach § 153 StPO – ist aber tatbestandsgemäß). **Zur Vertiefung:** *Fischer*, § 344 Rn. 3; NK/*Kuhlen*, § 344 Rn. 6; SSW/*Kudlich*, § 344 Rn. 7
5	Reicht es für die Absicht i.S.d. § 344 aus, dass es dem Täter darauf ankommt, einen Unschuldigen zu verfolgen oder muss er von dessen Unschuld sichere Kenntnis haben?	– **e.M.:** Nein, er muss auch von der Unschuld des Verfolgten Kenntnis haben. **(dagg.)** § 344 lässt „Absicht" oder „Wissentlichkeit" alternativ genügen. – **h.M.:** Ja. **Zur Vertiefung:** *Fischer*, § 344 Rn. 5; LPK/*Kindhäuser/Hilgendorf*, § 344 Rn. 8
6	Ist bei § 344 (bzw. § 345) eine rechtfertigende Einwilligung durch den Verfolgten möglich?	– **e.M.:** Ja, zumindest liegt nur ein Versuch vor, da nicht das „volle Unrecht" verwirklicht wurde. **(dagg.)** Geschütztes Rechtsgut ist wie bei § 343 das „Vertrauen in den Staat". – **h.M.:** Nein, wie bei § 343. **Zur Vertiefung:** LPK/*Kindhäuser/Hilgendorf*, § 344 Rn. 12; SSW/*Kudlich*, § 344 Rn. 13, § 345 Rn. 10
7	Schließen strafprozessuale Vorschriften, welche die Verfolgung gestatten, die Rechtswidrigkeit oder den Tatbestand aus?	– **e.M.:** Es handelt sich um Rechtfertigungsgründe. **(dagg.)** Wortlaut („der sonst nach dem Gesetz nicht … verfolgt werden darf") – **h.M.:** Sie schließen bereits den Tatbestand aus. **Zur Vertiefung:** LPK/*Kindhäuser/Hilgendorf*, § 344 Rn. 12; SK/*Wolters*, § 344 Rn. 11, 14
8	Wird das Unterlassen schon von § 344 (bzw. § 345) selbst erfasst?	– **e.M.:** Ja, Wortlaut („auf … Verfolgung hinwirkt"); die Unterscheidung von Tun und Unterlassen ist bei §§ 344 f. unnötig und praktisch undurchführbar.

	(dagg.) Auch ein „Hinwirken" kann aktiv (durch Tun) oder passiv (durch Unterlassen) erfolgen. – **a.M.:** Nein (mit der wichtigen Möglichkeit der Strafmilderung nach § 13 II, da jedenfalls §§ 344 II, 345 III keinen minder schweren Fall enthalten). **Zur Vertiefung:** *Fischer*, § 344 Rn. 3; SSW/*Kudlich*, § 344 Rn. 7; Schönke/Schröder/*Hecker*, § 344 Rn. 13	
Muss der Teilnehmer des § 344 selbst die nötige Absicht (bzw. das nötige Wissen) haben?	– **e.M.:** Ja, er muss selbst absichtlich oder wissentlich handeln. **(dagg.)** Selbst die Zueignungsabsicht muss der Teilnehmer nicht selbst haben. – **h.M.:** Nein, es genügt, wenn er die Absicht (bzw. das Wissen) des Täters kennt. **Zur Vertiefung:** NK/*Kuhlen*, § 344 Rn. 24; SSW/*Kudlich*, § 344 Rn. 14	**9**
In welchem Konkurrenzverhältnis steht § 344 (bzw. § 345) zur Rechtsbeugung gem. § 339?	– **e.M.:** § 344 (bzw. § 345) ist qualifizierende Spezialvorschrift. **(dagg.)** Die Verfolgung (bzw. die Vollstreckung) muss nicht notwendig Rechtsbeugung sein. – **h.M.:** Tateinheit (§ 52). **Zur Vertiefung:** LPK/*Kindhäuser/Hilgendorf*, § 344 Rn. 14 bzw. § 345 Rn. 10; SK/*Wolters*, § 344 Rn. 19	**10**

§ 345 Vollstreckung gegen Unschuldige

Ist auch die U-Haft eine Strafe i.S.d. § 345?	– **e.M.:** Ja, immerhin wird die in U-Haft verbrachte Zeit auf eine spätere Strafe voll angerechnet (§ 450 StPO). **(dagg.)** Die U-Haft ist keine Sanktion (Freiheitsstrafe, freiheitsentziehende Maßnahme), sondern dient der Sicherung der Durchführung des Verfahrens, § 112 II Nr. 1–3 StPO (dringender Tatverdacht genügt).	**1**

Nr.	Frage	Antwort
		– **h.M.:** Nein, es kommt (neben §§ 239, 339) nur § 344 in Betracht. **Zur Vertiefung:** *Fischer*, § 345 Rn. 5; LPK/*Kindhäuser/Hilgendorf*, § 345 Rn. 2; Schönke/Schröder/*Hecker*, § 345 Rn. 3
2	In welchem Konkurrenzverhältnis stehen die Freiheitsberaubung (§ 239) und die Vollstreckung gegen Unschuldige (§ 345)?	– **e.M.:** Tateinheit (§ 52). **(dagg.)** Man kann § 345 teilweise gar nicht begehen, ohne zugleich § 239 zu verwirklichen. – **h.M.:** § 239 tritt hinter § 345 zurück. **Zur Vertiefung:** LPK/*Kindhäuser/Hilgendorf*, § 345 Rn. 10; NK/*Kuhlen*, § 345 Rn. 17

§ 348 Falschbeurkundung im Amt

Nr.	Frage	Antwort
1	Ist die Ausstellung von Urkunden der Aufnahme von Urkunden gleichzusetzen?	– **e.M.:** Nein, Aufnahme ist nicht Ausstellung (Wortlaut). **(dagg.)** Das Ergebnis, Falschbeurkundung im Amt (Deliktsüberschrift), ist dasselbe. – **h.M.:** Ja. **Zur Vertiefung:** MüKo/*Freund*, § 348 Rn. 6; SK/*Hoyer*, § 348 Rn. 3
2	Wie ist der Amtsträger zu bestrafen, der eine von ihm hergestellte Urkunde nachträglich verfälscht?	– **e.M.:** Nach § 348 (Falschbeurkundung im Amt), weil § 267 diesen Fall nicht erfasst (bzw. verdrängt wird). **(dagg.)** § 267 I Var. 2 erfasst auch den Fall, dass einer seine Abänderungsbefugnis verloren hat (s.o. § 267 Rn. 18). – **h.M.:** Nach § 267 – § 52 – § 348 (Gesetzeskonkurrenz besteht wegen der unterschiedlichen Tatbestandsmerkmale nicht). **Zur Vertiefung:** LK/*Zieschang*, § 348 Rn. 36; SSW/*Wittig*, § 348 Rn. 19

§ 352 Gebührenüberhebung

Setzt § 352 eine Täuschung (bzw. Irrtum) voraus?	– **e.M.:** Nein, Wortlaut. **(dagg.)** § 352 ist ein Sonderfall des Betruges (§ 263). – **h.M.:** Ja, die Ausübung von Druck (§ 240) reicht nicht. **Zur Vertiefung:** *Fischer*, § 352 Rn. 7; Lackner/Kühl/*Heger*, § 352 Rn. 5; LPK/*Kindhäuser/Hilgendorf*, § 352 Rn. 6	1
Fällt eine unzulässige Honorarvereinbarung (z.B. Erfolgshonorar) unter § 352?	– **e.M.:** Ja, falls über deren Zulässigkeit getäuscht wird. **(dagg.)** Der Täter stützt seinen Anspruch gerade nicht auf Vergütungsrecht (wie § 352 voraussetzt), sondern auf vertragliche Vereinbarung. – **h.M.:** Nein (unabhängig davon, ob es schon an der Täuschung fehlt). **Zur Vertiefung:** LPK/*Kindhäuser/Hilgendorf*, § 352 Rn. 5; NK/*Kuhlen*, § 352 Rn. 15 ff.	2
Setzt der subjektive Tatbestand Wissentlichkeit voraus, oder genügt bedingter Vorsatz?	– **e.M.:** Bedingter Vorsatz reicht. **(dagg.)** Wortlaut („von denen er weiß"). – **a.M.:** Wissentlichkeit (Bereicherungsabsicht ist aber nicht erforderlich). **Zur Vertiefung:** *Joecks/Jäger*, § 352 Rn. 4; LPK/*Kindhäuser/Hilgendorf*, § 352 Rn. 7	3
In welchem Konkurrenzverhältnis steht § 352 zu § 263?	– **e.M.:** Tateinheit (§ 52). **(dagg.)** Dogmatisch ist § 352 ein (privilegierter!) Sonderfall des Betruges. – **h.M.:** Gesetzeseinheit, § 263 wird verdrängt (Spezialität). **Zur Vertiefung:** *Fischer*, § 352 Rn. 11; NK/*Kuhlen*, § 352 Rn. 29; SSW/*Satzger*, § 352 Rn. 17	4

Nr.	Frage	Antwort
5	In welchem Konkurrenzverhältnis steht § 352 zur Untreue (§ 266)?	– **e.M.:** § 352 ist lex specialis auch zu § 266. **(dagg.)** Die Tatbestandsmerkmale sind unterschiedlich. – **h.M.:** Tateinheit (§ 52). **Zur Vertiefung:** Lackner/Kühl/*Heger*, § 352 Rn. 7; LPK/*Kindhäuser/Hilgendorf*, § 352 Rn. 10; SSW/*Satzger*, § 352 Rn. 18

§ 353b Verletzung des Dienstgeheimnisses und einer besonderen Geheimhaltungspflicht

Nr.	Frage	Antwort
1	Ist das richterliche Beratungsgeheimnis Geheimnis i.S.d. § 353b?	– **e.M.:** Nein, da es kein wichtiges öffentliches Interesse betrifft. **(dagg.)** Ob etwas Geheimnis ist, ist unabhängig davon. – **h.M.:** Ja, § 353b ist nicht auf Verwaltungsgeheimnisse beschränkt. **Zur Vertiefung:** LPK/*Kindhäuser/Hilgendorf*, § 353b Rn. 5; Schönke/Schröder/*Perron/Hecker*, § 353b Rn. 5
2	Reicht eine bloß „mittelbare Gefährdung" wichtiger öffentlicher Interessen – durch Beeinträchtigung des Vertrauens der Allgemeinheit – aus?	– **e.M.:** Nein, das folgt daraus, dass es sich um eine konkrete Gefährdung handeln muss. **(dagg.)** Der Wortlaut verlangt nur eine Gefährdung. – **h.M.:** Ja (allerdings restriktiv zu handhaben). **Zur Vertiefung:** *Fischer*, § 353b Rn. 23; LPK/*Kindhäuser/Hilgendorf*, § 353b Rn. 7; SSW/*Bosch*, § 353b Rn. 9
3	Sind Nachrichten nur mündliche Mitteilungen?	– **e.M.:** Ja, in Abgrenzung zu den Gegenständen (§ 353b II Var. 1). **(dagg.)** Wortlaut – **h.M.:** Nein, jede (auch schriftliche) Mitteilung einer Information. **Zur Vertiefung:** *Fischer*, § 353b Rn. 17; LPK/ *Kindhäuser/Hilgendorf*, § 353b Rn. 12

Ist „unbefugt" Rechtswidrigkeits- oder Tatbestandsmerkmal?	– **e.M.:** Tatbestandsmerkmal **(dagg.)** Einheitlichkeit mit § 203 (s. § 203 Rn. 2) – **h.M.:** Bloßer Hinweis auf die Rechtswidrigkeitsebene (die Weitergabe an zuständige Behördenmitarbeiter ist gleichwohl nicht tatbestandsgemäß). **Zur Vertiefung:** LPK/*Kindhäuser/Hilgendorf*, § 353b Rn. 6; NK/*Kuhlen*, § 353b Rn. 20	**4**
Muss der Vorsatz beim Versuch auch die Gefährdung umfassen oder reicht insoweit Fahrlässigkeit?	– **e.M.:** Beim Versuch ist bzgl. der Gefährdung Vorsatz (Tatentschluss) erforderlich, § 353b I 2 bezieht sich nur auf die Tathandlung. **(dagg.)** Bei § 353b ist die Versuchsstrafbarkeit (§ 353b III) erst nach der Vorsatz-Fahrlässigkeits-Kombination (§ 353b I 2) geregelt. – **h.M.:** Es reicht eine nur fahrlässige Gefährdung für den Fall des Gelingens (§ 11 II). **Zur Vertiefung:** LPK/*Kindhäuser/Hilgendorf*, § 353b Rn. 16; NK/*Kuhlen*, § 353b Rn. 42; Schönke/Schröder/*Perron/Hecker*, § 353b Rn. 22	**5**
Macht sich wegen Beihilfe (§ 27) strafbar, wer die unbefugte Offenbarung lediglich entgegennimmt?	– **e.M.:** Ja, wenn er das Geschehen durch seine Billigung unterstützt (psychische Beihilfe). **(dagg.)** Darin liegt eine sog. notwendige Teilnahme. – **h.M.:** Nein. **Zur Vertiefung:** LPK/*Kindhäuser/Hilgendorf*, § 353b Rn. 17; NK/*Kuhlen*, § 353b Rn. 57	**6**

7	Ist Teilnahme auch noch nach Vollendung (Eintritt der konkreten Gefährdung) des § 353b möglich?	– **e.M.:** Ja, in Form der sukzessiven Beihilfe (s. § 27 Rn. 6) bis zu Beendigung. **(dagg.)** § 353b kennt keine eigenständige Beendigungsphase und die früher in § 353c ermöglichte selbständige Strafbarkeit des Außenstehenden ist weggefallen. – **h.M.:** Nein (darum liegt keine Teilnahme vor, wenn ein Journalist ein ihm zuvor offenbartes Geheimnis mitteilt). **Zur Vertiefung:** *Fischer*, § 353b Rn. 27; Lackner/Kühl/*Heger*, § 353b Rn. 13a; LPK/*Kindhäuser/Hilgendorf*, § 353b Rn. 17
8	Ist auf den Außenstehenden § 28 I anwendbar?	– **e.M.:** Nein, wegen der Einbeziehung von Nr. 3 handelt es sich um kein Amtsdelikt; auch § 353b II enthält nicht personenbezogene, sondern tatbezogene Merkmale. **(dagg.)** Die Pflicht zur Verschwiegenheit ist persönlich. – **h.M.:** Ja, mit der Folge obligatorischer Strafmilderung (§ 28 I, letzter Halbsatz). **Zur Vertiefung:** Schönke/Schröder/*Perron/Hecker*, § 353b Rn. 23; SSW/*Bosch*, § 353b Rn. 15
9	In welchem Verhältnis steht § 353b zu der Verbotenen Mitteilung über Gerichtsverhandlungen gem. § 353d Nr. 2?	– **e.M.:** Tateinheit (§ 52). **(dagg.)** § 353d Nr. 2 verlangt keine konkrete Gefährdung. – **h.M.:** Das abstrakte Gefährdungsdelikt (§ 353d Nr. 2) wird vom konkreten (§ 353b) im Wege der Subsidiarität verdrängt. **Zur Vertiefung:** *Fischer*, § 353b Rn. 37; LPK/*Kindhäuser/Hilgendorf*, § 353b Rn. 19

§ 353d Verbotene Mitteilungen über Gerichtsverhandlungen

Setzt § 353d voraus, dass die Information der Allgemeinheit zuvor nicht auf andere Weise bekannt geworden ist?	– **e.M.:** Nein, dem Wortlaut nach spielt das keine Rolle. **(dagg.)** Ist sie erst bekannt geworden, ist die bezweckte Geheimhaltung ohnehin nicht mehr erreichbar (ratio legis). – **h.M.:** Ja (gleichgültig, ob es vor oder nach dem Publikationsverbot geschehen ist). **Zur Vertiefung:** LPK/*Kindhäuser/Hilgendorf*, § 353d Rn. 5; Schönke/Schröder/*Perron/Hecker*, § 353d Rn. 18	1
Erfasst § 353d Nr. 1 auch die Veröffentlichung in Form von Flugblättern?	– **e.M.:** Nein, da nur § 174 II GVG ein solches Verbot enthält und auf Presse-, Rundfunk- und Fernsehberichte beschränkt ist. **(dagg.)** Der Begriff „Presse" umfasst nicht nur periodisch erscheinende Druckwerke. – **a.M.:** Ja, erfasst sind alle zur Verbreitung bestimmten Massenvervielfältigungen. **Zur Vertiefung:** LPK/*Kindhäuser/Hilgendorf*, § 353d Rn. 4; SSW/*Bosch*, § 353d Rn. 3	2
Greift § 353d auch dann ein, wenn die Gefährdung der Staatssicherheit (bei einem Ausschluss der Öffentlichkeit nach § 174 II, III GVG) in Wahrheit gar nicht zu besorgen war?	– **e.M.:** Nein, dann ist schon die „abstrakte Gefährdung" ausgeschlossen. **(dagg.)** Das Gesetz stellt nur auf die Tatsache des Öffentlichkeitsausschlusses ab. – **h.M.:** Ja, die inhaltliche Richtigkeit des Ausschließungsbeschlusses ist ohne Belang. **Zur Vertiefung:** LPK/*Kindhäuser/Hilgendorf*, § 353d Rn. 8; Schönke/Schröder/*Perron/Hecker*, § 353d Rn. 4	3

4	Ist ein von einer Privatperson stammendes Dokument amtlich, wenn es von amtlicher Seite in Gewahrsam genommen wurde, um es in das Verfahren einzuführen?	– **e.M.:** Ja, sobald es Aktenbestandteil wird – entscheidend ist nicht die Herkunft, sondern die Zuordnung. **(dagg.)** § 96 StPO führt (anders als § 353d) solche Dokumente eigens auf. – **h.M.:** Nein, es muss von offizieller Stelle stammen. **Zur Vertiefung:** *Fischer*, § 353d Rn. 6; LPK/*Kindhäuser/Hilgendorf*, § 353d Rn. 7
5	Ist „unbefugt" in § 353d Nr. 2 Rechtswidrigkeits- oder Tatbestandsmerkmal?	– **e.M.:** Tatbestandsmerkmal (bzw. Merkmal mit „Doppelfunktion") **(dagg.)** Einheitlichkeit (wie bei §§ 203, 353b) – **h.M.:** Bloßer Hinweis auf die Rechtswidrigkeitsebene (wie bei § 353b). **Zur Vertiefung:** LPK/*Kindhäuser/Hilgendorf*, § 353d Rn. 15; NK/*Kuhlen*, § 353d Rn. 21
6	Ist das Verfahren schon dann „abgeschlossen" i.S.d. § 353d Nr. 3, wenn die jeweilige Instanz abgeschlossen ist?	– **e.M.:** Ja, sonst wäre eine Veröffentlichung solcher Entscheidungen in Fachzeitschriften und Entscheidungssammlungen nicht möglich. **(dagg.)** Es besteht die Gefahr nachteiliger Auswirkungen auf die erneute Verhandlung (z.B. nach erfolgreicher Revision). – **h.M.:** Nein, erst wenn das Verfahren rechtskräftig beendet ist. **Zur Vertiefung:** LPK/*Kindhäuser/Hilgendorf*, § 353d Rn. 20; Schönke/Schröder/*Perron/Hecker*, § 353d Rn. 57
7	Erfüllt der Angeklagte, der die Anklageschrift veröffentlicht, § 353d Nr. 3?	– **e.M.:** Nein, § 353d Nr. 3 soll nur den Angeklagten vor öffentlicher Bloßstellung schützen. **(dagg.)** Die Vorschrift dient auch dem Schutz der Rechtspflege. – **a.M.:** Ja, aus dem gleichen Grunde kommt auch keine „Einwilligung" in Betracht (zu

	prüfen bleibt § 34, wenn sich der Beschuldigte gegen eine öffentliche Vorverurteilung wehrt). **Zur Vertiefung:** *Joecks/Jäger*, § 353d Rn. 5; Lackner/Kühl/*Heger*, § 353d Rn. 4

§ 356 Parteiverrat

Aufbauschema 1

I. Tatbestand

1. Objektiver Tatbestand

a) Tatsubjekt

aa) Anwalt → *Rn. 2 f.*

bb) Anderer Rechtsbeistand → *Rn. 4*

b) Bei in dieser Eigenschaft anvertrauten Angelegenheiten → *Rn. 6 f.*

c) Dieselbe Rechtssache

d) Tathandlung

Beiden Parteien durch Rat oder Beistand dienen → *Rn. 5, 8 f.*

e) Pflichtwidrig → *Rn. 10 ff.*

2. Subjektiver Tatbestand

II. Rechtswidrigkeit

III. Schuld

Beachte: *Qualifikation, § 356 II → Rn. 15 f.*

Sind Patentanwälte „Anwälte" i.S.d. § 356?	– **e.M.:** Nein, gemeint sind nur Rechtsanwälte. **(dagg.)** Dann würden sie noch immer unter den Begriff „Rechtsbeistand" fallen. – **h.M.:** Ja, alle Vertreter eines Anwaltsberufes (wozu aber der Notar, der nämlich ein öffentliches Amt bekleidet, nicht gehört). **Zur Vertiefung:** Lackner/Kühl/*Heger*, § 356 Rn. 2; SSW/*Kudlich*, § 356 Rn. 6	2

Nr.	Frage	Antwort
3	Sind Anwälte i.S.d. § 356 auch solche Rechtsanwälte, die als weisungsgebundene Syndikusanwälte für ein privates oder öffentliches Unternehmen auftreten?	– **e.M.:** Ja, auch ein derartiges Auftreten wird erfasst. **(dagg.)** In diesem Fall übt der Rechtsanwalt seinen Beruf nicht als unabhängiger Sachwalter von Parteiinteressen aus. – **h.M.:** Nein, sie scheiden als Täter aus (wie Insolvenzverwalter, Testamentsvollstrecker, Makler oder Vormünder, selbst wenn sie Rechtsanwälte sind). **Zur Vertiefung:** *Fischer*, § 356 Rn. 2a; LPK/*Kindhäuser/Hilgendorf*, § 356 Rn. 5
4	Sind als Verteidiger tätige Hochschullehrer (§ 138 I StPO) Rechtsbeistand i.S.d. § 356?	– **e.M.:** Nein, Rechtsbeistand ist nur, wer fremde Rechtsangelegenheiten geschäfts- und berufsmäßig besorgt. **(dagg.)** Es spricht nichts dagegen, alle Personen darunter fallen zu lassen, die im Rahmen einer rechtlich anerkannten Rolle als unabhängige Sachwalter fremde Interessen vertreten. – **h.M.:** Ja. **Zur Vertiefung:** LPK/*Kindhäuser/Hilgendorf*, § 356 Rn. 6
5	Greift § 356 ein, wenn der Rechtsanwalt in derselben Angelegenheit für eine Partei und in eigener Sache auftritt?	– **e.M.:** Ja, Wortlaut. **(dagg.)** Der Anwalt ist dann nicht unabhängiger Dritter, wie § 356 voraussetzt (Schutzzweck der Norm). – **h.M.:** Nein. **Zur Vertiefung:** *Fischer*, § 356 Rn. 3
6	Fällt ein rein privates Beratungsgespräch (z.B. in einer Kneipe) unter § 356 I (Anvertrauen einer Angelegenheit in dieser Eigenschaft)?	– **e.M.:** Ja (unbeachtlicher Subsumtionsirrtum, wenn der Täter das verkennt). **(dagg.)** Es muss möglich sein, sich (in eine Kneipe) rein privat zu unterhalten (anders u.U. in den Kanzleiräumen – selbst bei bloßen Gefälligkeiten).

	– **h.M.:** Nein – ebensowenig rein abstrakte Rechtsauskünfte ohne jeden Bezug zu einem konkreten Lebenssachverhalt. **Zur Vertiefung:** *Fischer*, § 356 Rn. 3a; MüKo/*Dahs*, § 356 Rn. 33	
Fällt auch das Anbahnungsgespräch (zur Klärung der Mandatsübernahme) schon unter § 356 I (Anvertrauen einer Angelegenheit)?	– **e.M.:** Ja, Anbahnungsgespräche genießen grds. denselben Schutz wie Beratungsgespräche. **(dagg.)** Dann könnte der Anwalt gegen seinen Willen in etwas hineingedrängt und (trotz unverzüglicher Ablehnung) die Interessenwahrnehmung für die Gegenseite vereitelt werden. – **h.M.:** Nein, Anvertrauen setzt i.d.R. Mandatierung voraus (zumindest liegt im Anbahnungsgespräch noch kein „Dienen“). **Zur Vertiefung:** SSW/*Kudlich*, § 356 Rn. 16	**7**
Sind Zeugen Parteien i.S.d. § 356?	– **e.M.:** Ja, Partei ist jeder Beteiligte (wie bei § 339), auch Zeugen. **(dagg.)** Das Interesse daran, dass das Gericht ihnen glaubt, ist jedenfalls kein rechtliches. – **h.M.:** Nein. **Zur Vertiefung:** LK/*Gillmeister*, § 356 Rn. 43	**8**
Sind Mitbeschuldigte Parteien i.S.d. § 356?	– **e.M.:** Nein, derselben Tat Beschuldigte haben keine widerstreitenden Interessen. **(dagg.)** Das stimmt nicht, jeder ist sich selbst der nächste. – **h.M.:** Ja. **Zur Vertiefung:** SSW/*Kudlich*, § 356 Rn. 22	**9**
Ist bei § 356 ein tatbestandsausschließendes Einverständnis (bzw. eine rechtfertigende Einwilligung) der Parteien möglich?	– **e.M.:** Ja, § 356 schützt die Parteien. **(dagg.)** Schutzgut des § 356 ist (auch) das Ansehens der Anwaltschaft. – **h.M.:** Nein, allerdings kann das „Einverständnis“ den (spätestens) für die	**10**

Nr.	Frage	Antwort
		Pflichtwidrigkeit nötigen Interessengegensatz beseitigen. **Zur Vertiefung:** *Fischer*, § 356 Rn. 7, 13; SSW/*Kudlich*, § 356 Rn. 3, 32, 43
11	Liegt ein Interessengegensatz bei Mitbeschuldigten auch dann noch vor, wenn ein Beschuldigter dem Verteidiger aufgibt, einen anderen „herauszuhalten"?	– **e.M.:** Nein, dann kann ein Interessenkonflikt nicht entstehen. **(dagg.)** An solche Auflagen ist der Verteidiger als Organ der Rechtspflege (und nicht bloßer Interessenvertreter) nicht gebunden. – **a.M.:** Ja. **Zur Vertiefung:** MüKo/*Dahs*, § 356 Rn. 62
12	Schließt § 356 bei Sozietäten aus, dass der eine Sozius die eine Partei (den einen Beschuldigten) und ein anderer die andere (den anderen) verteidigt?	– **e.M.:** Ja, da die Mandatsübernahme durch einen einer Anwaltssozietät angehörigen Rechtsanwalt auch seine Sozien verpflichtet. **(dagg.)** Das schließt eine (ausdrückliche oder schlüssige) Mandatsbeschränkung auf ein Sozietätsmitglied nicht aus. – **h.M.:** Nein, selbst der Umstand, dass eine Prozessvollmacht auf alle Sozien ausgestellt ist, steht einer Mandatsbeschränkung auf nur einen Sozius nicht entgegen (ein Verstoß gegen § 43a IV BRAO liegt gleichfalls nicht vor). **Zur Vertiefung:** SSW/*Kudlich*, § 356 Rn. 17
13	Schließt § 356 auch die sukzessive Mehrfachverteidigung (von mehreren Mitbeschuldigten nacheinander) aus?	– **e.M.:** Ja, anders als § 146 StPO enthält § 356 nämlich keine Beschränkung auf die gleichzeitige Interessenwahrnehmung. **(dagg.)** Ein solcher Widerspruch zwischen StGB und StPO wäre unerklärlich. – **h.M.:** Nein, die Übernahme ist dann zumindest nicht „pflichtwidrig" i.S.d. Vorschrift. **Zur Vertiefung:** *Fischer*, § 356 Rn. 6a

Frage	Antwort	Rn.
Schließt § 356 die sog. Sockelverteidigung (die allen Mitbeschuldigten zugute kommt) aus?	– **e.M.:** Ja, Wortlaut. **(dagg.)** Die Vorschrift ist restriktiv auszulegen. – **h.M.:** Nein, Sockelverteidigung verstößt weder gegen § 146 StPO noch gegen § 356. **Zur Vertiefung:** *Fischer*, § 356 Rn. 6a; MüKo/*Dahs*, § 356 Rn. 63	**14**
Setzt Nachteil i.S.d. § 356 II voraus, dass ein Schaden eintritt?	– **e.M.:** Ja, es handelt sich um ein Erfolgsdelikt. **(dagg.)** Nach dem Wortlaut reicht eine entsprechende Willensrichtung des Handelns („zum Nachteil"). – **h.M.:** Nein, es handelt sich um ein (abstraktes) Gefährdungsdelikt. **Zur Vertiefung:** *Fischer*, § 356 Rn. 15; NK/*Kuhlen*, § 356 Rn. 62	**15**
Genügt für ein Handeln „zum Nachteil" bedingter Vorsatz?	– **e.M.:** Ja, bedingter Vorsatz reicht aus (wie immer). **(dagg.)** Die Formulierung „zum" spricht für eine erhöhte Vorsatzintensität. – **a.M.:** Nein, mindestens direkter Vorsatz (oder Absicht). **Zur Vertiefung:** Lackner/Kühl/*Heger*, § 356 Rn. 11; LPK/*Kindhäuser/Hilgendorf*, § 356 Rn. 19	**16**
Wie macht sich die Partei strafbar, die Dienste des Parteiverrat begehenden Anwalts lediglich annimmt?	– **e.M.:** Vorsatz vorausgesetzt, wegen Beihilfe (§§ 356, 27). **(dagg.)** Das ist ein Fall der sog. notwendigen Teilnahme. – **h.M.:** Die bloße Annahme ist straflos, solange sie über die übliche Mitwirkung nicht hinausgeht. **Zur Vertiefung:** *Fischer*, § 356 Rn. 16; LK/*Gillmeister*, § 356 Rn. 105; SSW/*Kudlich*, § 356 Rn. 48	**17**

§ 357 Verleitung eines Untergebenen zu einer Straftat

1	Muss die rechtswidrige Tat i.S.d. § 357 vorsätzlich begangen sein?	– **e.M.:** Ja, für die Einbeziehung von Fahrlässigkeitstaten besteht kriminalpolitisch kein Bedürfnis. **(dagg.)** § 357 fordert nur eine „rechtswidrige Tat“ im Unterschied zu §§ 26, 27 („vorsätzlich begangene rechtswidrige Tat“). – **h.M.:** Nein, vorausgesetzt ist nur, dass die Handlung einen Tatbestand (auch: Fahrlässigkeitstatbestand) verwirklicht (§ 11 I Nr. 5). **Zur Vertiefung:** LPK/*Kindhäuser/Hilgendorf*, § 357 Rn. 4; *Otto*, BT, § 100 Rn. 5
2	Muss die rechtswidrige Tat ein Amtsdelikt (und der Untergebene Amtsträger) sein?	– **e.M.:** Ja, Wortlaut („rechtswidrige Tat im Amt“). **(dagg.)** „Im Amt“ ist als „in Ausübung des Amtes“ zu lesen (der Untergebene kann, muss aber nicht Amtsträger sein). – **h.M.:** Nein, das ist nicht erforderlich (§ 357 gehört deshalb zu den Amtsdelikten, weil der Vorgesetzte seine Amtspflicht verletzt). **Zur Vertiefung:** LPK/*Kindhäuser/Hilgendorf*, § 357 Rn. 4 f.; Schönke/Schröder/*Heine/Weißer*, § 357 Rn. 3; SSW/ *Jeßberger*, § 357 Rn. 4
3	Erfasst § 357 II auch erfolglose Anstiftungen?	– **e.M.:** Nein, das Gesetz setzt eine „begangene Tat“ voraus. **(dagg.)** Wenn § 357 I die erfolglose Anstiftung erfasst, dann auch § 357 II (Systematik). – **h.M.:** Ja. **Zur Vertiefung:** *Fischer*, § 357 Rn. 4; *Joecks/Jäger*, § 357 Rn. 4

Sind die Vorschriften über die tätige Reue (z.B. §§ 83a, § 316a II a.F.) auf § 357 in Form des Verleitens entsprechend anwendbar?	– **e.M.:** Ja, da das Verleiten sehr früh, nämlich bereits mit dem Versuch („zu verleiten unternimmt") vollendet ist. **(dagg.)** Es besteht keine planwidrige Regelungslücke. – **h.M.:** Nein (dasselbe gilt für § 31). **Zur Vertiefung:** LPK/*Kindhäuser/Hilgendorf*, § 357 Rn. 11; *Maurach/Schroeder/Maiwald*, BT/2, § 97 Rn. 9	**4**
Ist § 28 II auf Teilnehmer des § 357 anwendbar?	– **e.M.:** Nein, § 357 ist ein echtes Amtsdelikt, auf das § 28 I (Strafmilderung) anzuwenden ist. **(dagg.)** In dem Fall, dass der Vorgesetzte zugleich §§ 26, 27, 30 erfüllt, ist § 357 (verdrängender) Qualifikationstatbestand. – **a.M.:** Ja, in diesem Fall gilt § 28 II (Strafschärfung nur bei dem, bei dem die Voraussetzungen dazu vorliegen). **Zur Vertiefung:** LPK/*Kindhäuser/Hilgendorf*, § 357 Rn. 3	**5**

Stichwortverzeichnis

Nachweise beziehen sich auf Paragraph.Randnummer.